금산 인삼백주 · 청양 구기자주

충청남도 무형문화재 제19호　　충청남도 무형문화재 제30호

금산 인삼백주 · 청양 구기자주

　글 │ 정혜경(호서대학교 식품영양학과 교수)

　　　　우나리야(호서대학교 식품공학과 교수)

사진 │ 강위원

금산 인삼백주 · 청양 구기자주

초판1쇄 발행　2017년 3월 10일

기　획 │ 충청남도 · 충청남도역사문화연구원
발　행 │ 충청남도 · 충청남도역사문화연구원
　　　　주소 : 충청남도 공주시 연수원길 103
　　　　전화 : 041)856-8662
　　　　팩스 : 041)856-8663
　　　　홈페이지 : http://www.cihc.or.kr/

출　판 │ 민속원
　　　　주소 : 서울시 마포구 토정로 25길 41(대흥동 337-25)
　　　　전화 : 02) 804-3320, 805-3320, 806-3320(代)
　　　　팩스 : 02) 802-3346
　　　　등록 : 제 18-1호
　　　　이메일 : minsok1@chollian.net, minsokwon@naver.com
　　　　홈페이지 : www.minsokwon.com

ISBN 978-89-285-1002-3　93380

금산 인삼백주 · 청양 구기자주

충청남도 무형문화재 제19호　　충청남도 무형문화재 제30호

글 정혜경 · 우나리야
사진 강위원

민 속 원

축 사

이 책은 충청남도 무형문화재를 글과 사진으로 기록하여 원형을 보존하고, 올바른 전승의 기초를 삼는 동시에 홍보와 기록의 자료로 보급하기 위하여 발간한 것입니다.

무형문화재는 사람과 사람에 의해 전해지므로 유형의 문화재와 달리 시간의 흐름에 따라 변화하거나 단절될 소지가 있습니다. 충청남도에서는 지난 2010년에 충남민속문화의해 사업으로 29종목에 대해서 21권의 무형문화재 기록도서를 발간하였습니다.

이후 2016년 3월 「무형문화재 보전 및 진흥에 관한 법률」이 새롭게 제정 시행됨에 따라 그 동안 기록화하지 못했던 종목에 대해 기록화 사업을 재개하게 되었습니다.

충남무형문화재 기록도서는 보유자의 연령, 문화재 지정순서, 대중적 인지도, 활용가치 등을 종합적으로 고려하여 순차적으로 발간해갈 예정입니다.

이 책에서는 충남무형문화재 제19호인 '금산 인삼백주', 제30호인 '청양 구기자주'의 역사민속적 배경과 주조과정, 전승현황에 대해 상세하게 소개하고 있습니다.

기록도서로서의 의미와 가치를 살리기 위해 현재적 시점에서 가능한 무형문화재의 기·예능 실연 과정 전체와 역사적 전승양상 등을 기록·고증하여 더욱 객관적이고 전문적인 내용을 수록하려고 노력했습니다. 그리고 전문사진작가들의 사진을 실어 독자 여러분의 이해를 도울 수 있도록 편집하였습니다.

모쪼록 '충남무형문화재 기록도서'가 전통문화 유산을 지키고 유지하는 한편 충남의 무형문화재를 올바로 전승해 나가는 기초자료는 물론 나아가 문화관광 자원으로 활용되기를 기대합니다.

2017년 3월
충청남도역사문화연구원장 장호수

축　사

　　우리 고장의 대표적인 무형문화재를 모아 정리한 충남무형문화재 기록도서가 발간된 것을 진심으로 축하합니다.

　　이 책자를 발간하기까지 노고를 아끼지 않으신 장호수 충청남도역사문화연구원장님을 비롯한 관계자 여러분, 열과 성의를 다해 연구와 집필에 임해주신 전문가 여러분께 마음 깊은 감사의 인사를 드립니다.

　　근래 들어 문화에 대한 중요성이 부각되면서 각 지역마다 문화의 저변 확대를 위한 활동을 활발히 전개하고 있습니다.

　　오늘날 범람하는 외래문화의 물결 속에서 우리민족의 유구한 역사와 전통이 담긴 민속문화를 잘 가꾸고 후세에 전승하는 것은 큰 의미가 있는 일입니다.

　　더욱이 무형문화재는 외형적인 실체가 없으면서도 민족 고유의 풍속과 신앙이 녹아든 것이기 때문에 이를 체계적으로 조사·연구하여 기록하는 것은 참으로 소중한 일이 아닐 수 없습니다.

　　이 책에는 충남무형문화재 제19호인 '금산 인삼백주'와 제30호인 '청양 구기자주'에 대해 그동안 현지 고증과 자료 수집 등을 거치며 최선을 다한 연구진의 값진 노력들이 담겨 있습니다.

　　상세한 해설과 전문작가의 사진을 통해 '금산 인삼백주'와 '청양 구기자주'를 체계적으로 알리고자 애쓴 만큼 향토민속문화를 연구하는 데에 귀중한 자료로 널리 활용되길 기대합니다.

　　다시 한 번 책자 발간을 위해 애쓰신 모든 분께 감사드리며, 앞으로도 우리고장 민속문화를 더욱 아끼고 사랑해주시길 부탁드립니다.

2017년 3월

충청남도지사　안 희 정

금산 인삼백주 | 차례

청양 구기자주 | 차례

금산 인삼백주

충청남도 무형문화재 제19호

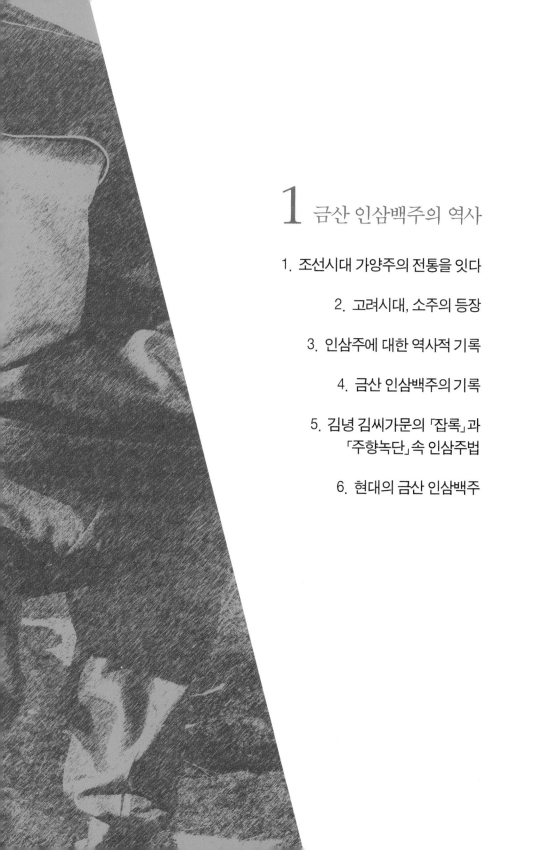

1 금산 인삼백주의 역사

01 조선시대 가양주의 전통을 잇다

인삼백주는 인삼을 넣어 빚은 발효인삼주를 다시 증류하여 주조하는 술이다. 현재 충남 금산 인삼백주는 김창수 보유자의 집안에서 대대로 빚어 온 조선시대 가양주로서의 전통을 가진 술이다. 또한 인삼이라는 최고의 약재를 활용한 보양주라는 특성을 가지고 있다. 조선시대 가양주의 역사를 간략히 살펴보자.

아주 오래전부터 빚기 시작한 우리 술은 조선시대에 오면 고려 때의 청주, 탁주, 소주의 세 가지 전통주 체계가 정착되었고 이를 빚는 방법과 기술이 더욱 발전하고 다양해진다. 특히 조선시대에는 음식과 관련된 많은 문헌들이 나오는데 고조리서는 특히 술조리서라고 해도 될 만큼 술 제조에 관한 기록이 많다. 거의 대부분의 고조리서에는 다양한 술의 종류와 만드는 법이 소개되어 있다. 이는 조선시대에 이미 각 가정마다 독특한 가양주 문화가 있었기 때문에 가능한 일이었다.

실제로 우리나라의 술 문화의 가장 두드러진 특징의 하나는 가양주 문화에 따른 그 종류의 다양성이다. 종래 전해 내려오는 구전이나 문헌상의 기록을 살펴보면 우리나라의 술의 종류는 그 수를 헤아릴 수 없을 정도로 많다. 조선 초기 1450년경의 최초의 고조리서라고 평가되는 「산가요록」에는 약 50여가지 이상의 술제조법이 나오고, 또 1500년대 초엽 김유의 「수운잡방需雲雜方」(1541)에는 총 60여종의 술이 나온다. 이후 19세기 초(1827)에 서유구徐有榘가 편찬한 「임원경제지」의 단 한 책에 실린 술의 종류만 180종에 이른다. 이렇게 조선시대 여러 문헌에 보이는 술 이름은 무려 380여 종이나 된다. 여기에 외래주를 합치면 그 수는 훨씬 늘어나게 된다.

한편 1670년경에 석계부인 장계향이 편찬한 「음식디미방」은 저자가 스스로 개발한 음식요리법을 적은 책인데 술 빚는 내용이 49가지나 된다. 이것을 보면 당시의 술에 대한 관심이 어느 정도로 깊었던가를 알 수 있게 한다. 이로 보면 기록에 남아 있지 않는 수치까지 합한다면 천 가지도 넘는 술이 빚어졌을 것으로 짐작된다.

그 가운데에서도 서유구가 쓴 「임원경제지」의 술 분류에 따라 정리해 보면 다음과 같다.

상용약주: 청주, 약주, 백하주白霞酒 등

특수약주: 호산춘壺山春, 백일주百日酒, 약산춘藥山春, 법주 등

속성주류: 일일주一日酒, 삼일주, 칠일주 등

탁주: 이화주, 막걸리 등

홍주紅酒와 백주白酒: 중국과 일본의 문헌을 인용해 설명함

감주甘酒: 누룩 대신 엿기름을 사용해 달게 만든 술

이양주異釀酒(숙성과정에 다른 것을 사용하는 술): 와송주臥松酒, 죽통주竹筒酒 등

가향주류加香酒類(꽃잎이나 향료를 이용하는 술): 송화주松花酒, 두견주(진달래술) 등

과실주: 포도주, 송자주松子酒 등

소주: 찹쌀소주, 밀소주 등

혼양주混釀酒(소주와 약주의 중간형 술): 과하주過夏酒 등

약용소주: 진도의 홍주 등

약용청주: 구기주枸杞酒, 오가피주, 인삼주 등

이 가운데 요즘 한국인들이 먹는 술이 얼마나 될까? 요즘에는 많은 전통술들이 살아나고 있어 다행이지만 아직 갈 길이 멀다. 이렇게 여러 종류가 되지만 기본적으로는 약주, 탁주, 소주가 주류를 이루었다. 특히 평안도나 함경도 같은 북쪽에서는 소주를 많이 마셨고 중부지방의 상류층들은 약주를 선호한 반면 남부에서는 탁주를 선호했다.

약재의 성분이 우러나게 하여 만드는 술은 대개 소주를 이용하는데 청주를 사용하는 경우가 가끔 있다. 가장 흔한 방법은 물론 소주에다가 약재를 침지浸漬시키는 것이다. 평양의 명주로 알려진 감홍로주가 그런 경우이다. 「임원십육지」에 나와 있는 이 술의 제조법을 보면, 소주를 고아서 받는 그릇바닥에 꿀을 바르고 지치(자초紫草)를 넣으면 맛이 달고 빛깔이 연지와 같다고 설명하고 있다.

그러나 때로는 약재를 섞은 밑술을 고아서 소주를 얻는 경우도 있다. 가령 전주를 중심으로 한 지역에서 생산되는 이강고梨薑膏는 배와 생강의 즙을 꿀과 잘 섞어 소주에 넣고 중탕重湯하는데 이것이 그런 방법이다. 반면 진도의 명주인 홍주는 조금 다르다. 이 경우에는 증류된 소주를 받는 항아리 위에다가 지치뿌리를 삼베에 싸서 올려놓는다. 그러면 소주가 그곳을 통과하면서 빨간 빛과 독특한 맛을 갖게 된다.

이상으로 볼 때 조선시대의 술 역시 발효주와 증류주로 크게 나눌 수 있고 기본적으로 고려시대의 청주와 탁주, 소주의 틀을 벗어나지 않고 있다. 그리고 이 세 가지 술을 기본으로 하여 여러 가지 술을 만들었는데, 약재, 식물, 감미료, 꽃향기 등을 첨가한 술이 많았으며 발효주와 증류주를 혼합한 술도 만들었다. 이때 약주로 손꼽혔던 술로는 삼해주三亥酒, 백로주白露酒, 이화주, 부의주, 하향주荷香酒, 춘주, 국화주 등이 있었다. 특히 증류주는 고려시대에 원나라의 영향으로 빚기 시작하였다. 이후 국제화 단계로 발달하여 대마도를 통하여 일본, 중국 등에 수출이 빈번하였다. 그 당시 우리나라는 자가 제조가 허용되었기 때문에 수출을 용이하게 할 수 있었기 때문이었다.

조선 후기에 접어들어서는 지방주地方酒가 크게 발전하여 명성을 펼치게 되었는데 이때의 명주로는 서울의 약산춘藥山春, 여산의 호산춘壺山春, 충청의 노산춘魯山春, 평안의 벽향주碧香酒, 김천의 청명주淸明酒등이 있었다. 한편 소주에 각종 약재를 응용한 술들이 개발되었는데 전라도, 황해도의 이강주梨薑酒, 전라도의 죽력고竹歷膏가 유명하였다. 이 밖에 양조주와 증류주를 혼합한 혼성주인 과하주 등이 여름에도 마실 수 있는 술로 개발되었는데 그중에는 김천의 과하주過夏酒가 유명하였다.

그러니까 금산의 인삼주는 약용 청주의 전통을 잇고 있으며, 금산의 인삼백주는 고문헌에서는 나오지 않지만 조선시대의 약용소주의 전통을 잇고 있는 전통주라고 볼 수 있다.[1]

02   고려시대, 소주의 등장

인삼백주는 증류된 소주류라고 볼 수 있다. 그렇다면 우리나라에 소주는 언제부터 만들어진 것일까? 우리나라에서 소주가 만들어지는 시기는 고려시대 중기 이후라고 본다. 고려시대에는 새로운 기법의 전통주가 개발되고 보다 보편화된다. 즉, 술이 한층 다양화되고 향상되었다고 본다.

이전의 쌀, 누룩 그리고 물로 빚던 술에서 약재, 과실, 꽃 등을 활용한 약용주, 가향주, 과실주가 만들어진다. 특히, 중국 원나라로부터 증류기술이 도입되면서 소주를 만들게 되고 이를 이용한 혼성주와 혼양주류가 빚어지게 된다. 즉, 고려 시대에는 막걸리가 일반적이었고 부의주라는 이름의 동동주와 이외에도 창포, 국화, 각종 약재를 이용한 가향주과 약용주가 있었다. 그리고 「고려가요」, 「한림별곡」 및 「근재집」 등에 죽엽주, 이화주, 국화주, 오가피주, 방문주, 부의주 등의 술이름이 나오는 것으로 보아 당시 술 종류가 다양했음을 알 수 있다.

그러나 이러한 전통주 이외에도 무엇보다 중요한 것은 중국의 원나라로부터 증류주법이 도입된 것이다. 이로서 우리 전통주 문화와 술제조에 획기적인 변화를 가져오게 된다. 즉, 증류주법이 도입된 시기는 고려 중기 이후로 본다. 증류주법은 아랍문화인데 이는 12세기경에 서유럽으로 전해져서 브랜디의 시초가 되었고 중국에는 원나라 때 이슬람 문화와 함께 전해지게 된다.

징기스칸의 원은 한때 그 세력이 페르시아까지 진출했고 이로 인해 이슬람 문화를 받아들이고, 바로 이슬람의 술 증류법이 몽고에까지 전해지게 되었다. 몽고는 징기스칸의 손자인 쿠빌라이가 고려를 침입한 후 병참기지였던 개성, 안동, 제주도에서 소주를 공급할 목적으로 만들게 하였고 이후 증류주법은 전국적으로 확산되게 된다. 이 때문에 지금도 안동 소주와 제주도 고소리술이 증류주로서 유명하다.

따라서 페르시아의 증류주법이 중국 원나라 때에 우리나라에 들어와서 소주로 자리잡게 된 것이다. 이 소주는 처음에는 몽고말 그대로 '아라키'로 불리다가 이후 '아랑주', '아락주', '화주', '주로' 등으로 불렸고 조선시대에 소주로 정착되었다고 한다.

03 인삼주에 대한 역사적 기록

'인삼주'에 대한 기록은 중국의 의학서에 최초로 등장한다. 중국 당唐나라 때 손사막孫思邈(581~682)이 지은 의학서인 「천금방」이나 「천금익」과 중국 명나라 때의 본초학자 이시진李時珍(1518~1593)이 엮은 약학서인 「본초강목」에 '신선여수주', '고본하령주', '장춘주', '삼주' 등의 여러 이름으로 처음 등장한다.

그러나 인삼주는 우리나라 문헌상으로는 조선 후기에야 비로소 등장한다. 실학자였던 서유구(1764~1845)가 지은 「임원십육지」 제5권에는 인삼주를 찹쌀과 누룩, 물, 인삼으로 빚은 약술로 기록하고 있다. 그러니까 「임원십육지」의 인삼주에 대한 기록이 최초이고 인삼 가루, 누룩, 찹쌀을 함께 빚어서 발효 인삼주를 만들거나 인삼가루를 주머니에 담아 술독에 담궜다가 끓여 마신다고 기록되어져 있다.

원문에는 "《又》: 人參末, 同麴末釀 或袋盛浸酒煮飲補中益氣, 通治諸虛 "라고 기록되어 있고, 이를

해석하면 "《또 다른 방법》: 인삼가루를 누룩가루와 같이 섞어 술을 빚는다. 또는 주머니에 넣어 술에 담가 끓여 마신다. 중초를 보하고 기운을 이롭게 하며 여러 가지 허증을 치료한다."고 하였다.

그러니까 주재료는 인삼가루와 누룩을 사용하고, 주조방법은 인삼가루, 누룩을 같이 섞어 술을 빚거나 또는 주머니에 넣어 술에 담가 끓여 마신다고 기록되어 있고 이것이 우리나라 인삼주의 최초 기록이다.

04   금산 인삼백주의 기록

'금산 인삼백주'는 충남 금산군 금산읍의 김창수씨 집안에서 대대로 내려오는 증류주로 볼 수 있다. 예부터 금산 김녕 김씨 집안에 전해오는 가양주에서 전래된 술이라고 볼 수 있다.

그 내력에 의하면 김녕 김씨 가문의 16대 선조인 김문기(1399~1456)씨가 빚었고, 현재 무형문화재인 25대 김창수씨까지 전수되어 500여년동안 이어져 내려오고 있다고 한다.

김녕 김씨 가문의 김문기는 함길도 관찰사, 도승지, 이조 판서까지 지낸 인물이다. 김문기는 조카의 왕위를 찬탈한 세조에 맞서다 죽임을 당한 선비로 이후 1977

년에는 사육신으로 추존된 인물이다. 그러니까 금산 인삼백주는 선비 가문의 가양주의 전통을 가지고 있는 술이다. 그리고 금산 인삼백주를 최초로 빚은 장소는 김문기의 생가인 금산면으로 알려져 있다.

05 김녕 김씨가문의 「잡록」과 「주향녹단」 속 인삼주법

이상과 같이 조선시대 문헌에서 확실한 기록은 찾을 수 없지만 금산 인삼백주의 원 제조방법을 알 수 있는 중요한 문헌이 존재하고 있다. 바로 김씨 문중에 전해 내려오는 「수문록」, 「잡록」, 「주향녹단」이라는 한문의 필사본이다.

이 문헌에 의하면 '인삼주조법人蔘酒造法'이라는 항목이 나오고 인삼주를 담그는 방법을 비교적 상세히 기록해 두었다. 즉, 인삼을 넣어 술을 빚어 제주와 가양주로 쓰였다고 기록되어 있다. 보유자의 집안에 필사본으로 내려오는 「주향녹단酒向錄單」에는 인삼주를 담그는 방법이 상세히 기술되어 있다.

인삼주제조법

① 곡자(누룩)를 만드는 것은 먼저 밀 9분, 미삼 1분의 비율을 가지고 끓여서 식힌 물로 배합해서 곡자를 만들고 쑥으로 쌓아서 3개월 지나면 조성된다

② 주모를 만드는 법은 현미 9분, 미삼 1분에다가 곡자 3, 탕냉수 5의 비율로 조성한다.

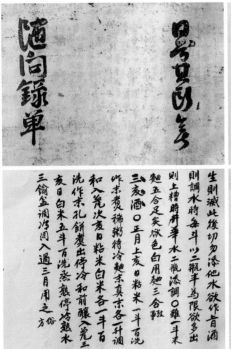

1_ 집안에 전해 내려오는 「주향녹단」

2_ 집안에 전해 내려오는 「잡록」

③ 술을 빚는데는 고두밥 (미삼, 솔잎, 양쑥을 조금씩)을 배합하여 빚으면 반달 후 발효된다. 이것을 밀봉하여 또 두어달 지나면 100분의 35 정도의 술을 얻게 된다.

④ 만일 이것을 증류하려면 발효해서 익은 후에 증류하는데, 그 빛이 투명하고 그 향과 맛이 모두 좋다.

이를 토대로 하여 인삼백주의 제조방법을 현대의 개량법으로 전환하여 기술해 보면 다음과 같다.

물을 끓였다가 식히고, 잘게 부순 통밀(1.35kg)과 인삼 0.15kg을 섞어 배합하여 3개월간 발효시켜 누룩을 만든다. 누룩용 물(5L)을 섞어 밑술을 만든다(8~9일, 9L), 여기에 다시 양조용 물(6L)에 약쑥(0.01kg), 솔잎(0.05kg), 인삼(0.4kg), 고두밥(6kg)을 섞어 술을 담고 40~60일간 숙성시키면 약 16% 내외의 청주가 된다. 이를 다시 압착기를 이용하여 거른 후에 고리를 써서 증류하면 알콜농도 약 43%의 백주 11L의 술이 생산된다.

06 현대의 금산 인삼백주

현재 충청남도 무형문화재 제19호로 지정되어 있는 '금산 인삼백주'는 조선시대 사육신 중 한 분인 김문기 가문에 대대로 전해져 내려오던 인삼주가 현대에 와

서 16대손인 김창수 보유자에 의해 부활하게 되었다고 보아야 한다. 금산의 인삼
백주 양조장 인근에는 인삼밭이 펼쳐져 있어 금산 인삼백주 탄생처의 조건을 갖추
고 있다. 김창수 보유자는 1972년도에 지금 공장이 있는 자리에서 막걸리를 빚는
일부터 시작했다는데, 이젠 인삼을 발효한 약주와 함께 이를 증류한 소주인 인삼
백주를 생산하고 있다. 처음에는 막걸리 사업을 시작하면서, 할머니와 어머니가
하시던걸 어깨너머 보고 익힌 것을 기초로 하여 집안의 가양주를 주조하기 시작하
였다. 집안에 대대로 내려오던 문헌을 공부하여 인삼 발효주를 만들고, 이를 바탕
으로 한 도수 높은 증류주를 만들기 시작한 것이다.

　백주는 인삼향기가 나며 빛깔이 부드럽다. 원래 백주는 약주와 탁주의 중간에
위치하는 술로 탁주처럼 쌀알을 뭉개어 체에 걸러내어 만들고 쌀알이 뭉개져서 빛
깔이 뿌옇게 되기 때문에 백주라는 이름이 붙여졌다고도 하지만 발효청주인 임삼
주와 구별하여 증류주라는 의미로 인삼백주라고 부른다. 품질이 가장 뛰어나다는
5년근 이상의 인삼만을 사용하며, 물맛 좋기로 유명한 금성면 물탕골의 천연암반
수를 사용해 한층 더 인삼의 향기를 살린다.

　인삼은 과실이 아니라서 발효를 성공시키기가 매우 어렵다. 이러한 탓에 금산
인삼백주가 완성되기까지는 수년의 세월이 소요되었다. 오랜 시간 가문의 명주를
재현시킨 '금산 인삼백주'는 인삼의 효능과 정취를 오롯이 마실 수 있고 그것이 국
내 최고의 인삼 재배지이자 집산지인 금산에서 만들어졌다. 김창수 보유자가 만
든 금산 인삼백주야말로 한국을 대표하는 최고의 토산품인 인삼을 가장 돋보이게
하는 명주가 되었다.

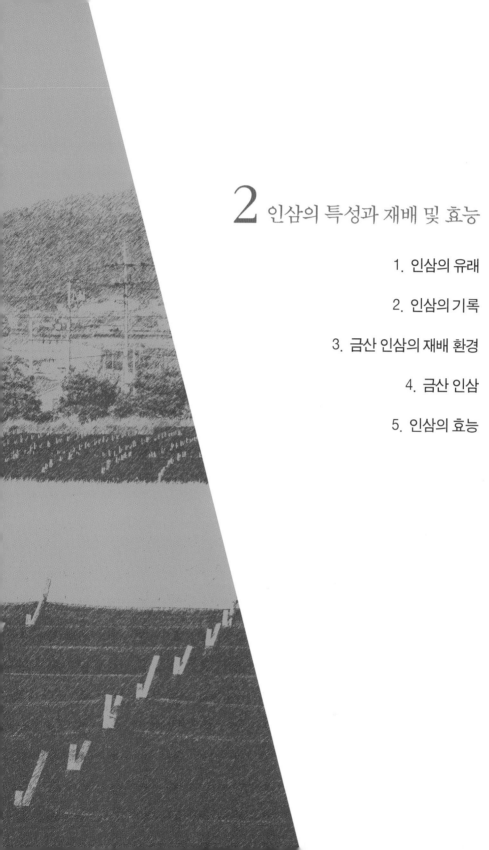

2 인삼의 특성과 재배 및 효능

01 인삼의 유래

인삼은 한국과 중국을 비롯한 동양에서 수천년 동안 보혈강장제로 이용해온 약재로서 생약 중의 왕좌를 차지하여 왔다. 인삼은 세계 여러 곳에서 자라기는 하지만 한국에서만 자라는 토종인삼의 약효가 뛰어나 '고려인삼'이 세계적으로도 유명하다. 우리나라에서 산출되는 인삼을 특별히 '고려인삼'이라고 하는 것은 고려시대부터 인삼을 인공재배를 하였으며 중국이나 일본에서는 조선 왕조가 들어선 이후에도 우리나라를 고려라고 부르곤 하였던 것이 유래로, 따라서 조선인삼도 고려인삼이라고 불렸다.

고려인삼은 제주도를 제외한 전국에서 재배할 수 있다. 고려인삼의 명성은 예부터 중국에서는 천금을 주고도 못 살 정도였다고 하고, 일본에서는 고려인삼 하면 무조건 만병통치약이라고 믿는 사람도 있었다고 하며, '인삼을 먹고 병을 고쳤는데 인삼 값을 갚지 못해 목숨을 끊었다'는 이야기가 돌 정도로 이름난 작물이었다. 이 명성은 일본에 왔던 유럽인에게도 알려지는데 한 유럽인은 집에 인삼을 보내면서 '이것은 같은 무게의 은과 같은 가치가 있으며 유통되는 모든 것은 전부 천황의 소유다'라고 쓴 편지를 보냈다.

또한 베트남은 고려인삼을 황제가 정력제와 신하들 하사품으로 애용했다고 한다. 그래서인지 오래전부터 고려인삼은 가짜가 판을 쳤다. 18~19세기 청나라의 학자 옹방강이 조선의 김정희에게 보낸 편지에 '고려인삼을 잘 받았습니다. 수도(베이징)에서 고려인삼이라는 것은 가짜가 많으니 보낼 때 수십 뿌리 보내주시길'이라고 쓰여져 있을 정도였다.

고려인삼은 단순히 명품이 아니라 조선 자체 내에서 생산되는 물품으로는 조선 경제에 가장 큰 영향을 미친 작물이었다. 일본은 고려인삼으로 은이 상당히 유출되자 1710년경 교호개혁享保改革을 추진할 때 이를 줄여보려고 에도막부가 인삼 종자 확보 및 재배에 열을 올릴 정도였다. 이렇게 조선에서 나오는 생산품 중에 '조선 특산품'으로서 어딜 가나 가치를 인정받은 작물이었기 때문에, 중국에서 지참금으로 쓸 은이 부족하면 인삼을 가져가서 팔도록 해 온 역사도 오래되었다. 조공 과정에서 이루어졌다는 무역은 대개 베이징에 간 조선 사신들이 인삼을 팔고 책 등을 구입하는 방식으로 이루어진 것이다.

이러한 연유로 일제가 조선의 식민지화 직후에 담배, 소금과 함께 빠른 시기에 전매 제도를 시행한 작물 중 하나가 바로 인삼이었다. 현대에 이르러 소금은 구하기가 쉽고, 생필품을 전매하는 건 시대에 맞지 않으므로 폐지되었고, 담배는 단순 기호품인데다가 수익성이 좋아 그대로 전매를 실시하지만, 인삼은 수익성이 그다지 좋은 편은 아니지만 국가에서 전매하는 것으로 보아 그 브랜드 가치를 알 만하다.

02 인삼의 기록

인삼에 대한 문헌상의 최초의 기록은 중국의 전한 원제시대(B.C. 48-33)때 사유가

지은 「급취장」에 인삼을 삼이라고 기록한 것으로 볼 수 있다. 후한 헌제 건안연대(서기 196~200)때 장중경이 저술한 「상한론」에서는 처음으로 인삼을 이용한 처방 기록을 확인할 수 있다. 양나라 사람 도홍경이 지은 「신농본초경」에서는 인삼의 산지, 품질을 비롯하여 그 약효와 응용, 야생 인삼의 자생지 등 인삼에 대한 유래 등이 기록되어 있어, 이미 이 시기에는 인삼의 약효를 인정받아 사용되어 왔음을 확인할 수 있다.

또한 백제 무령왕이 양 무제에게 인삼을 선물하였다고 하여 백제의 인삼이 상품이었다는 것을 추리할 수 있다. 「본초몽전」에 의하면 고구려, 신라, 백제의 인삼 가운데에서도 백제삼이 제일 좋았다고 기록하고 있다. 「양서」〈본기〉에도 고구려 및 백제가 자주 인삼을 조공하였다는 기록이 있고, 수의 「한원」중의 〈고려기〉에 인삼이 많이 산출된다는 기록이 있다. 진의 사문沙門 관정灌頂이 편찬한 「국정백록」에도 고려에서 미역과 인삼을 보내왔다는 기록이 있다. 1123년에 송나라 사람 서긍이 고려를 다녀가서 저술한 「선화봉사고려도경」가운데도 고려인삼에 관한 기록이 나오는데, 주목할 만한 사실은 개성삼은 대략 백삼·홍삼의 두 가지로 나뉘는데, 백삼은 흙에서 캔 삼을 그대로 말린 것이며, 홍삼은 그것을 가마에 넣고 쪄서 붉은 빛이 나게 한 것이다.

또한 우리나라 문헌기록으로는 「삼국사기」와 「향약구급방」에 올라 있는 인삼 기록이 가장 오래된 것이다. 「삼국사기」〈신라 성덕왕·소성왕·경문왕 조〉에 보면 당나라에 사신을 파견할 때 공헌한 기록이 나오는데, 799년(소성왕 1) 7월에는 '길이가 9척이나 되는 인삼을 발견하여 하도 신기하여서 당나라에 사신을 보내어 진상을 하였더니 덕종이 보고 인삼이 아니라며 받지 않았다' 라는 기록이 있다. 신라에서 당나라에 조공한 인삼에 관해서는 당 숙종 때에 이순이 저술한 「해약본초」

에 의하면 가운데 인삼을 붉은 실로 묶어 포장하였다는 대목이 있어, 그때에도 외국에 보내는 인삼의 상품 가치를 높이기 위한 가공 기술이 있었음을 엿볼 수 있다.

〈표 1〉 인삼의 기록

	연도	서지명	내용
중국	BC 30년경	급취장	인삼기록 처음 등장
	210	상한론	인삼을 이용한 처방
	451	명의별록	인삼을 상약으로 분류
	6세기 초	신농본초경	인삼의 산지, 품질, 약효, 백제 무령왕12년 양무제에게 인삼선물
	627	책부원귀	신라에서 중국으로 인삼을 보냄
	629	양서	고구려 및 백제가 자주 인삼을 조공
	660	한원	고려에 인삼이 많이 산출
	7세기 초	국청백록	고려에서 미역과 인삼을 보내왔다
	1565	본초몽전	백제 인삼의 특징
한국	10세기 경	헤약본초	외국사신에게 인삼을 선물
	1123	선화봉사고려도경	개성삼의 분류(백삼, 홍삼)
	1145	삼국사기	중국사신에게 인삼을 진상
	1236	항약구급방	인삼의 삼자를 '蔘'로 표기
	1596	본초강목	인삼의 주산지가 우리나라 삼국의 다량의 인삼이 중국으로 유입되어 약용으로 사용

03   금산 인삼의 재배 환경

인삼은 생육환경과 지리적 조건, 채취기간에 따라 영향을 많이 받으며, 인삼의 품질을 좌우하게 되는데 72%가 산으로 둘러싸인 금산 지역은 해발 평균 250m 높은 지대와 일교차가 심한 날씨, 사양토질을 가지고 있어 인삼재배에 적합한 천혜의 자연조건을 갖추고 있다고 한다.

금산 인삼은 재배방법에서부터 독특한 경향을 띠는데 개성식 재배방법과는 달리 촘촘하게 심고 햇빛을 충분히 받도록 하고 한여름인 7월부터 채취하기 시작하여 10월말까지 인삼 가공이 이루어진다. 이 때문에 금산 인삼은 여름인삼으로 불린다. 이처럼 약리작용상 최고수준에 다다른다는 7월에 채취하므로 다른 지역에 비해 사포닌 함량이 높고 약효성분 또한 뛰어나다. 금산에서 생산된 인삼은 몸이 길고, 단단하며 색이 흰 것이 보통이다. 이것을 곡삼이라는 특유한 형태로 가공하는데 이는 금산의 전통적인 가공방법으로 금산 인삼의 또 다른 특징이기도 하다.[1]

04 금산 인삼

우리나라에서 인삼의 효시가 된 지역은 크게 개성, 풍기, 금산 지역이라고 전해지고 있다. 금산에서 인삼이 기원했다는 기록은 중종 25년(1530년)에 간행된 「신증동국여지승람」에 진산군이 인삼 산출지로 기록돼 있다. 금산과 인접한 진산군은 1814년 금산군으로 편입됐는데 현재의 금산군 진산면이다. 따라서 이는 금산에서 인삼이 산출됨을 보여주는 기록이다.

　그러나 「세종실록지리지」에 금산 지역의 인삼이 등장하지 않은 것으로 보아 당시 이 지역에는 산삼이 풍부하지는 않았던 것으로 추정되고, 뒤늦게 인삼 재배가 성행해 현재와 같은 인삼의 고장으로 자리 잡게 됐을 것으로 보인다. 금산의 인삼 재배 기원에 대한 정확한 문헌 기록은 별로 없으며 언론을 통해 설로 전해진다. 〈매일 신보〉에는 금산 인삼과 관련된 설화를 여러번 실었다. "1460년경 금산면 상옥리에 김씨 성을 가진 과부가 진악산에서 삼지오엽에 선홍색으로 달린 열매를 따 정원에 심었다. 이듬해 봄에 새싹이 나 이를 몇 년 동안 재배했다. 김 과부의 외동아들이 열 살 때 불치병에 걸려 백약이 무효했는데 재배하던 인삼 뿌리를 먹였더니 불치병이 나았다. 이 소문이 전파돼 인삼을 재배하는 농가가 증가하였다"는 기사가 실렸다. 또한 인삼 재배 설화를 주인공만 바꾼 채 또 다른 내용으로 실리기도 했다. "금산 읍내 중도리에 사는 강방환의 6대조 강득무가 진악산 아래에 있는 금면 계진리에 거주하던 중 관남봉에서 산삼을 채취해 그 열매를 따다가 재배를 시작했다" 정리한 것이다.

　이러한 금산 인삼은 약의 효능 때문인지 가슴을 울리는 설화가 함께 전해지고 있다. 효성 지극한 강씨 처자가 깊은 병을 앓던 어머니를 낫게 해달라고 진악산 관음굴에서 기도를 했고, 그러자 산신령이 꿈에 나타나서 관음굴 위의 빨간 열매 달린 풀의 뿌리를 달여 먹으라고 했다. 꿈에서 깬 뒤 그것을 찾아서 어머니께 드렸더니 병이 나았다. 그때부터 병을 낫게 하는 그 열매를 금산 지방에서 재배하기 시작한 그것이 바로 인삼이다. 이후 이 지역사람들은 사람 살리는 명약인 인삼 농사의 안녕을 기원하는 제사를 인삼 설화의 시초가 된 장소인 진악산에서 산신제를 올린다.

1929년 금산군 산업 기수였던 호소카와 간지細川治一는 "김립이라는 사람이 1770년경 개성으로부터 인삼 종자를 가지고 와 묘포를 만들어 시작했고 성과가 좋아 육묘를 개성 인삼업자에게 판매하면서 시작되었다"고 구체적으로 소개했다. 호소카와의 말처럼 금산은 18세기 후반 인삼 산지로 부상했을 가능성이 있다. 18세기 말에는 영남과 마찬가지로 인삼 재배법이 보급되던 시기였고 여러 지역으로 확산되고 있었다. 18세기 말에 편찬된 「금산군읍지」에는 인삼이 주요 물산으로 등재되어 있다. 전에는 전혀 보이지 않던 품목이 새로 등장한 것은 뒤늦게 재배가 성행했음을 의미한다. 현재 금산군 남이면 성곡리에는 인삼 재배를 처음 시작했다는 개삼터가 있다.

금산 인삼시장은 역사적 연원이 그리 오래되지 않았다. 과거 1700년대 중반부터 1900년대 초반까지 공주에 약령시가 번성하였고, 일제강점기에는 대전역 부근에 약령시를 개설하려는 시도가 있었으나, 각종 읍지에는 금산은 과거 인삼의 재배지라는 기록이 확인될 뿐이다. 금산의 인삼시장이 성황을 이루기 시작한 것은 해방 이후의 일로 지금은 전국을 대표하는 인삼시장으로 명성을 구가하고 있다.

05 인삼의 효능

인삼은 우리나라를 비롯한 동양에서 여러 가지 건강 증진 기능을 가진 전통적인 약재로 이용되고 있다. 생활수준이 향상되면서 건강에 대한 관심이 높아지고, 인삼의 다양한 약리효과가 밝혀지면서 인삼을 이용한 기호식품의 소비도 증가되었다. 인삼주도 만들어지고 각종 다류, 청량음료 및 건강식품에 첨가되어 널리 이용되고 있다. 전통적으로 건강식품에 이용되어온 인삼은 식물학적으로 오가피과 Araliance, 인삼속Panax에 속하는 식물로 한국, 중국, 시베리아 동부에 자생하며 뿌리를 약용으로 이용한다.

여기서 "파낙스Panax" 란 어원은 희랍어로 Pan(all)과 Axos(cure)의 복합어로 만병을 치료한다는 뜻이다. 세계적으로 여기에 속하는 식물종은 6~7종이 알려지고 있으나 세계 인삼시장에서 상품으로 유통되고 있는 인삼종은 크게 수삼, 백삼, 홍삼이 있다. 지리적으로 아시아 극동지역에 분포, 재배되고 있는 "Panax Ginseng C.A. Meyer" 의 식물명을 가진 인삼은 전통적으로 중국의 한방 생약 중 가장 중요한 강장약으로 이용되어 왔다. 특히 한방에서는 인삼을 상약으로 부작용 및 독성이 없고 여러 가지 효능이 인정되어 왔으나 화학성 약리, 생물학적 연계의 측면에서 과학적으로 연구되기 시작한 것은 최근의 일이다.

고 한방서인 후한 헌제 때의 의서 「상한론」에 처음으로 인삼의 구체적인 처방으로 21방(총 113)이 기록되어 있다. 또한 오늘날도 흔히 사용되고 있는 한방처방서인 「방약합편」에 올라 있는 467방의 처방이 상중하의 3통 분류로 나뉘어 있고, 상통처방은 '보제', 중통처방은 '화제', 하통처방은 '공제' 이며, 인삼이 배합되어 있는 132종의 처방의 약 94%가 상통과 중통에 들어 있음으로 보아, 인삼은 보약 또는 강장제로 사용되는 것이지 특정 질병에 대한 치료약으로 사용되는 것이 아니었던 것 같다. 한방에서 인정되는 인삼의 약효를 요약하면, 강장, 강심, 건위보정, 진정

약으로 널리 상용되고, 위장기능 쇠약에 의한 신진대사기능의 저하에 진흥약으로 사용되며, 병약자의 위부정체감, 소화불량, 구토, 흉통, 식욕부진 등에 사용되었다고 기록되어 있다.

인삼의 성분은 탄수화물이 약 70%로 주성분이고, 조단백질이 10~11%, 조섬유 7~8%, 조지방 1~2%, 회분 3~4%, 조사포닌은 4~5% 수준이다. 인삼의 유효 성분은 30여종 이상으로 알려져 있다. 인삼은 그 효능과 신약으로서의 진가 때문에 약품, 추출물, 차, 음료, 제과, 화장품 그리고 인삼주의 형태로 가공되어지고 있다.

인삼은 한의학적으로 주로 기허에 사용하는 가장 중요한 보기약으로 알려져 있으며, 중국을 비롯한 우리나라의 많은 한방의서에 수록되어 체력증강, 피로회복, 소화기계, 신경계, 대사계, 순환기계 등의 기능조절을 위해 단독 또는 처방의 구성 생약으로 활용되어 왔다.[2] 이러한 한방효능에 근거하여 그동안 수행된 많은 실험적 연구와 임상적 효능을 통해 인삼의 전래되어온 다양한 효능이 제시되고 있다. 인삼의 약리적 효능으로는 당뇨병, 동맥경화성 질환, 고혈압과 심부전, 항암작용, 항스트레스 및 항피로 효과, 위궤양 예방과 치료, 두뇌활동 촉진, 노화방지 등이 있다. 이와 같은 약효에 대한 과학적인 연구는 비교적 늦어 1950년대에 이르러서야 급속하게 발전되기 시작하여, 성분·약리작용 및 임상적인 연구에 있어서 다수의 결과가 나오고 있다.[3]

따라서 인삼의 과학성에 근거하여 근래에는 동양뿐만 아니라 서구에서도 강장제 또는 건강식품, 그리고 대체의학의 약초치료법herbal therapy으로서 인삼에 대한 관심이 증가되고 있다. 특히 곡류와 약용식물의 잎이나 뿌리 등을 원료로 제조되는 우리 전통 민속주들은 발효과정 중에 이들 원료로부터 각종 생리기능성 물질이 생성되거나 용출되므로 건강측면에서 최근 소비가 늘어나고, 새로운 형태의 민속 주들이 개발되어 시판되고 있다.[4]

3 금산 인삼백주의 재료

01 　금산 인삼백주의 재료

　　금산 인삼백주 양조에는 이곳 금산 지역에서 생산되고 있는 우리 고유의 원료들만을 사용하고 있으며, 따라서 금산에서만 맛볼 수 있는 양질의 술을 빚어낼 수 있다. 좋은 금산 백주를 만들기 위해서는 좋은 6가지 재료를 갖추어야 하는 것으로 알려져 있다. 좋은 물(용수)과 좋은 쌀, 좋은 누룩, 질 좋은 금산 인삼, 쑥과 솔잎이다. 그리고 무엇보다 중요한 것은 만드는 이의 정성이 될 것이다.

02 　양조 용수

　　우리나라는 예로부터 금수강산이라고 하여 양질의 자연 감수가 곳곳에 많아서 좋은 술을 빚을 수 있었다. 술을 빚는 물, 즉 용수의 수질은 술의 품질에 직접적인 영향을 주기 때문에 양조 용수의 선택은 매우 중요하다. 금산 인삼백주를 빚을 때 사용하는 주조용 용수는 충남 금산군 금서면 두곡리의 지하수를 사용한다. 이곳의 지하수는 수량이 풍부하고 수질이 뛰어나다. 이 곳은 백제시대 이전부터 마을이 형성되었다고 하며, 이곳의 물을 마셔 왔으며, 그 물맛이 빼어나게 좋아서 이 마을의 이름을 '물탕골'이라 불렀다.

03 금산 인삼

　금산 인삼백주 양조에서 가장 중요한 특징은 술을 빚을 때 이곳에서 생산되는 금산 인삼으로 누룩을 만들거나 밑술을 담그거나 술덧을 담금할 때의 모든 공정에서 인삼을 사용한다는 것이다. 따라서 금산 인삼백주의 술맛의 특징이 바로 인삼 특유의 독특한 맛과 향을 나타내게 된다. 이곳 금산에서 생산된 5년근 미삼을 사용한다.

6~7월에 열린 붉은 인삼열매

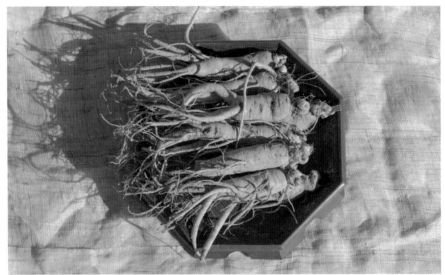

| 1 | 1_ 밭에서 갓 캐낸 5년근 금산 인삼(수삼) |
| 2 | 2_ 분쇄한 5년근 금산 인삼 |

04 누룩

누룩, 곡자는 술의 발효제로서 우리 전통주에서는 중요하게 사용되고 있다. 누룩에는 아밀라아제와 효모가 함유되어 아밀라아제 작용으로 전분이 당이 되고 효모의 작용으로 알코올을 생성하게 된다. 누룩의 재료를 보면 주로 밀과 쌀이고, 녹두도 사용되고 보리를 사용하기도 한다. 밀은 잘게 빻은 알맹이로, 쌀은 곱게 빻은 가루로 사용하였으며 함께 쓰기도 하였다. 이러한 재료들은 거의 날 것으로 사용하였고 물로 반죽한 것을 헝겊이나 짚, 풀잎 등으로 싸고 발로 디뎌서 만드는 경우가 많고, 전이나 짚 등을 간 누룩고리에 담아서 밟는 경우도 있다.

금산에서 재배된 통밀로 만든 누룩 가루

누룩을 만들 때에는 길일吉日을 받아서 만들었고, 여름 삼복 중에 만들면 벌레가 생기지 않는다고도 하였다. 누룩은 반죽을 단단하게 하고 강하게 밟아야만 좋은 누룩이 되고 그것으로 빚어야 좋은 술이 된다고 한다. 누룩을 잘 디디는 비결은 되게 반죽하여 꼭꼭 밟는데 있다. 모양은 둥근 형을 많이 만들며 매달아 발효시키는데 대체로 10여일에서 30일에 걸쳐 띠운다.

금산 인삼백주의 제조에 사용하는 누룩은 전통주를 빚을 때 일반적으로 사용하고 있는 누룩 제조방법으로 띠운다고 한다. 단지 다른 누룩과는 달리 이 고장에서 생산되고 있는 우리 재래종 밀을 사용하고 있으며, 특히 누룩을 만들 때부터 인삼을 사용한다는 것이 그 특징이라고 할 수 있다.

05 솔잎

금삼 인삼백주에는 인삼 특유의 맛과 향을 중시하나 이외에도 솔잎을 첨가하여 독특한 향기를 더하여 풍미를 풍성하게 한다. 예로부터 솔잎을 장기간 생식하면 늙지 않고 몸이 가벼워지며 힘이 나고 흰머리가 검어지며, 추위와 배고픔을 모르게 된다고 알려져 왔다. 과거 우리 가정에서 빚는 가양주에 사용되는 부재료 가운데 많이 사용되는 재료가 바로 솔잎이다. 조선 중기의 「동의보감」에도 솔잎은 '풍습창을 낫게 하고 머리털을 나게 하며, 오장을 편하게 하며, 식량 대용으로 쓴다'고 기록되어 있다.

현대 실험결과에서도 솔잎은 항산화, 항균, 항염, 항노화 작용으로 체내 독소와 노폐물을 배출하고 혈액을 맑게 하며, 혈관을 청소해 혈류 개선 및 활발한 신진대사로 질병의 생성을 억제하는 역할을 한다고 알려져 있다. 또 혈관청소나 해독 기능 외에도 엽록소와 철분, 비타민 C 등이 풍부해 빈혈 완화에도 도움을 주며, 담배의 유해 물질을 없애 주는 아피에긴산과 특히 혈당 수치를 낮춰 당뇨병에 도움을 주는 글리코키닌 성분도 들어 있는 것으로 알려졌다.

한편, 중국에서도 솔잎주는 유명하다. 불로장수의 약으로 알려지고 있는 '적송선주積送仙酒'도 적송의 잎과 열매, 껍질로 만든 술이라고 한다. 우리나라 주방문에서는 '만병을 다스린다'고 한 것을 볼 수 있다. 우리나라의 고문헌인 「음식법」을 비롯하여 「증보산림경제」, 「역주방문」 등 조선시대 술 관련 여러 주방문을 보면,

인삼백주의 향을 더하는 건조된 솔잎가루

솔잎을 이용한 송엽주가 나오고 있으며 이 경우, 솔잎을 그대로 사용하기보다는 물에 오랫동안 삶아서 떫고 쓴맛을 우려내거나 해소한 뒤에 사용하고, 더러 한 차례 우려낸 뒤 두 번째 삶은 물을 이용하고 있음을 볼 수 있다. 솔잎이 오랫동안 술덧과 섞인 채로 있게 되면 쓴맛과 떫은맛이 점차 강해지기 때문이다.

　금산 인삼백주에서 사용되는 솔잎은 인삼향의 효과를 돕기 위해서 이른 봄에 채취한 솔잎을 잘 말려서 가루를 내어 사용하고 있다.

06 쑥

　금산 인삼백주는 금산 지역에서 널리 야생하는 약쑥을 채취하여 건조시켜 두었다가 사용하고 있다. 우리 전통주에서 쑥은 중요한 부재료로 사용되어 왔다. 물론 쌀과 누룩만으로도 좋은 꽃 향을 내지만 부재료로 진달래, 솔잎, 송순, 국화 등 다양한 과실과 꽃 등을 사용하고 있다. 실제로 조선시대 유명한 술인 호산춘에도 쑥을 사용한다. 호산춘은 황희 정승이 즐겨 마시던 술이라고 해서 유명하며 장수 황씨長水黃氏 소윤공파 집안의 가양주이고, 시를 즐기는 풍류객 황의민이 자신의 집에서 빚은 술에 본인의 시호인 '호산湖山', 술에 취했을 때 흥취를 느끼게 하는 춘색을 상징하는 '춘春'자를 넣어 '호산춘'이라는 이름을 붙인 것이다. 그리고 단맛이 강하고 솔잎이 들어가 은은한 솔향기가 일품이다. 즉, 쌀만으로 술을 빚어도 과실이나 꽃향 등이 올라오기도 하는데 이러한 곡주에 인동초, 쑥, 국화를 넣어 새로운 향기를 내는 술이 바로 하향주이다. 쑥을 넣어 빛깔을 푸르게 하고 국화를 넣어 황금빛을 만들어 내니, 하향주는 그 효능은 물론이고 아름다운 색과 향기를 지닌 우리나라의 대표 명주이다. 현재는 칠선주로 유명한 강화 농업기술센터에서 빚은 막걸리에도 쑥을 넣어 빚고 있다. 비교적 적은 탄산에 목넘김이 부드러우며, 향긋한 쑥향이 맛을 더 하게 한다는 술이다.

이외에도 쑥은 누룩을 만들 때 사용되기도 했다. 향이 빼어난 전통주인 이화주에 사용되는 누룩인 이화곡을 만들 때 누룩을 쑥에다 싸서 만들었다. 쑥은 외국에서도 술재료로 사용되고 있다. 러시아의 유명한 증류주인 압쌍트를 만들때에도 쑥을 넣어 빚어 증류시킨다. 은은한 쑥향이 살아 있다. 이렇게 동서양의 중요한 술 부재료인 쑥을 금산 인삼백주에서도 오래전부터 사용하여 인삼백주의 향을 살리고 있었음을 알 수 있다.

07 멥쌀

쌀은 곡물주의 전통을 가진 우리나라 민속주에서 가장 중요한 주 재료이다. 쌀은 도정 과정을 거쳐 백미로 될수록 각 영양소의 함량이 감소된다. 쌀에는 단백질 함량이 6~8%로 다른 곡류에 비하여 낮은 편이고 전분이 많이 들어 있다. 백미로 도정된 경우 현미보다 더 쉽게 분해되는 특성을 가진다. 발효된 술을 증류할 때 알

1 1_ 금산 인삼백주 제조에 사용된 금산 쌀
2 2_ 금산 인삼백주에 사용되는 재료들

코올의 농도나 함량이 증가하는 것은 쌀의 특성에 따라 달라진다. 일본의 사케는 도정율이 높을 수록 고급인데 이로 알코올 농도도 올라가고 또한 깨끗한 맛을 갖게 된다. 우리나라 대부분의 전통 민속주는 주식인 쌀로 주로 빚어 왔고 이로부터 탁주, 청주, 또는 소주를 만들었다. 주재료롤 사용하는 술의 품질과 도정도가 술의 품질에 큰 영향을 미친다. 금산 인삼백주의 경우에도 주재료인 쌀의 품질을 매우 중시하여 사용하여 왔다. 그리고 쌀은 금산에서 재배된 쌀을 반드시 사용하여 빚는 것을 원칙으로 한다.

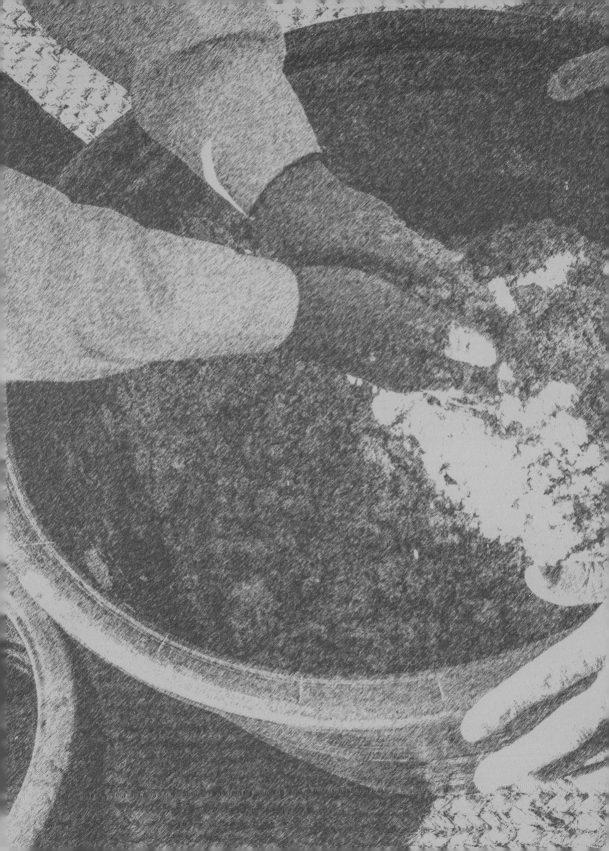

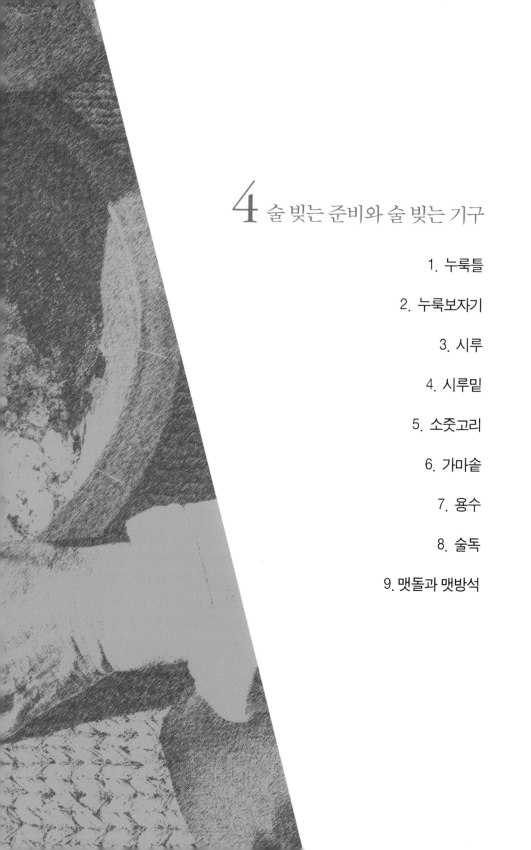

4 술 빚는 준비와 술 빚는 기구

술을 제대로 빚기 위해서는 무엇보다 술 빚는 사람의 마음가짐과 정성이 중요하다. 그리고 술빚기에 사용되는 그릇이나 도구를 잘 준비하여야 좋은 술을 빚을 수 있다. 이렇게 술을 빚을 때 사용하는 모든 그릇과 도구는 술의 발효에 영향을 미치기 때문이다. 따라서 술빚는 기구를 잘 갖추는 것이 필요하고 반드시 깨끗이 씻어서 물기가 없이 사용하여야 한다. 금산 인삼백주에 이용되는 기구들은 대략 다음과 같다.

01 누룩틀

누룩고리라고도 하며 술의 주원료인 누룩을 성형할 때 사용한다. 밀을 굵게 갈아 반죽하여서 덩이를 굳히는 데 쓰는 틀로, 굵은 나무의 위 아래를 둥글게 파서 맞 뚫어 놓았다. 누룩은 술을 빚는 효소를 지닌 곰팡이를 곡류에 번식시킨 것으로, 적당한 크기로 덩이를 지은 뒤에 틀에 넣고 천으로 싸서 발로 밟아 다진다. 술맛을 좌우하는 누룩의 질은 밟는 정도에 따라 차이가 있어 정성을 기울였다. 집집마다 술을 빚었던 옛적에 누룩틀은 가정의 필수품이었다. 쓰지 않을 때에는 새끼를 꿰어 벽에 걸어 둔다. 크기는 일정하지 않으며 쪽나무를 네모꼴로 짜서 쓰기도 한다. 대개 일반 서민층은 짚과 나무로 만든 것을 주로 사용했고, 사찰이나 궁궐, 양반집은 고급나무 재질을 사용했다고 한다.

누룩틀

02 누룩보자기

누룩보자기는 누룩을 디딜때 누룩틀에 재료가 붙지 않게 하기 위해 사용하는 천을 말한다. 가급적 얇고 질긴 천으로 너무 넓지도 좁지도 않은 것이 좋으므로 무명으로 된 소창이 많이 쓰인다.

고두밥을 식힐때 사용한 누룩보자기

:

03   시루

고두밥을 찔 때 사용하는 도구이다. 바닥에 여러 개의 구멍이 뚫려 있는 형태로 솥에 얹어서 사용한다. 솥에 물을 넣고 불을 때면 뜨거운 수증기가 시루 구멍을 통하여 올라가서 시루안에 들어 있는 물에 불린 쌀이나 보리를 익히게 된다. 오지시루나 질시루는 다 같이 흙으로 빚어서 불에 구은 것이므로 소성시 공기구멍이 생기게 된다. 따라서 사용전에 반드시 물에 불려 두었다가 사용하는 것이 열전도율

고두밥을 찔 때 사용하는 시루

이 좋아서 잘 쪄진다. 또 시루밑의 가운데 구멍이 크면 수증기가 잘 올라서 찌는 시간도 절약된다. 한 번 사용하고 난 시루는 물에 여러 시간 불렸다가 수세미로 깨 끗이 닦아내고 엎어서 물기를 제거하여 두고, 사용 전에도 다시 물에 불렸다가 깨 끗이 씻어서 사용한다.

04 시루밑

시루밑은 시루를 이용하여 음식이나 떡을 찔 때 내용물이 밑으로 빠지는 것을 방지하기 위해 시루구멍 위에 덮는 일종의 깔개이다. 과거에는 주로 짚이나 한지로 새끼를 꼬아 만들거나 삼껍질, 칡덩굴 껍질을 서로 엮어서 시루 밑바닥의 크기로 만드는데 전체에 구멍이 숭숭 뚫려 있어서 김이 잘 오르게 되어 있었다. 요새는 간편하게 무명천이나 삼베보자기를 많이 사용한다.

05 소줏고리

발효된 술을 증류할 때 사용하는 기구로 장구처럼 생긴 옹기이다. 원래 맛이 변한 술이나 처음부터 마련한 밑술을 솥에 넣고 끓여서 증발해 오른 알코올 성분을 식혀서 흘러내리게 하는 일종의 증류기이다. 소줏고리는 지방에 따라서 고조리, 고소리라고도 하는데 구리로 만든 소줏고리(동고리)와 무쇠로 된 철제 소줏고리(철고리), 흙으로 빚어 구운 도기 소줏고리(토고리)가 있다. 김창수 보유자가 사용한 소줏고리는 옹기로 만든 것이다. 소줏고리의 냉각수를 넣은 위의 질그릇은 크고 아래로 증기가 올라오는 통로인 허리부분은 잘록하게 들어간 것이라야 품질이 좋은 술을 내릴 수 있다.

소줏고리

소줏고리 위의 냉각수 넣는 그릇의 한 쪽 중심 밑 부분에 귓대(귀때, 부리)가 달려 있다.

소줏고리를 밑술을 담은 가마솥 위에 올려 놓고 열을 가하면 증기가 된 알코올 성분이 상승하는데 소줏고리 위에 올려 놓은 솥뚜껑이나 물그릇에 닿아 냉각되면서 소주가 귓대로 흘러 내리게 만들어 사용한다.

06 가마솥

솥은 '정鼎' 또는 '부釜' 라고 하는 옛 이름이 있는데 다리가 있는 것은 정, 다리가 없는 것은 부라고 하였다. 우리나라의 전통 부엌을 상징하는 것은 바로 가마솥이라고도 할 수 있다.

가마솥은 발효된 밑술을 넣어 끓이는 도구로 사용되며 밑술이 끓으면서 술밑이 타지 않도록 하는 것이 필요하다. 가마솥 위에 소줏고리를 올려 놓고 밑술이 끓어 알코올이 증기로 만들어지면 냉각수를 소줏고리 위에 그릇에 넣어 알코올을 냉각시켜 증류된 술이 귓대를 통과하여 졸졸 떨어지도록 하여 증류된 술을 술항아리에 모은다.

가열할 때 불의 세기에 따라 증류된 술의 알코올 농도가 달라질 수 있으므로 불 조절을 잘해야 한다. 또한 술의 양과 농도를 조절할 수도 있다. 그리고 가마솥과 소줏고리 사이를 완전히 밀착시키기 위하여 밀가루로 반죽한 밀가루번을 돌려가면서 붙여 수증기가 새 나가는 것을 막아야 한다.

07 용수

    술을 거를 때 사용하는 도구로 대나무나 싸리를 이용해 제작한다. 다 익은 술독 안에 박아 넣어서 맑은 술을 얻는 데 사용하는 도구이다. 주로 가늘게 쪼갠 대나무나 싸리나무, 버드나무 가지나 칡덩굴의 속대, 짚 등으로 촘촘하게 엮어서 둥글고 깊은 원통형 바구니 모양으로 엮어 만든다. 혹은 고급 전통주를 만들 때 완성된 용수 안에 창호지를 덧대어서 사용하면 훨씬 더 맑은 술을 얻을 수 있다.

 술을 담거나 보관하기 위해서는 술독이 필요하다. 술독은 1,100~1,300℃의 높은 온도에서 장작불로 구운 옹기가 발효용으로 선호된다. 우리의 옹기는 사계절이라는 독특한 자연 환경과 각 지역의 풍토에 맞도록 배가 부른 모양으로 만들었다. 이 형태는 바로 태양열과 복사열은 물론이고, 장독대에 놓인 옹기들 사이에 자연스럽게 통풍이 이루어져 고른 온도를 유지하게 하여 옹기 속에 들어 있는 음식의 변질을 최대한 막도록 고안된 장치인 것이다.

 반드시 옹기를 사용하는 이유는 옹기의 미세한 숨구멍을 통해서 술이 발효될 수

술독

있기 때문이다. 술독은 소독하여 사용하는데 가마솥에 물을 붓고 불을 지펴서 팔팔 끓을 때 솥위에 쳇다리를 걸쳐놓고, 그 위에 술독을 거꾸로 엎어서 뜨거운 수증기가 술독 안으로 들어가게 한다. 아니면 볏짚이나 솔가지 불을 피워 매운 연기를 술독으로 들여보내서 소독하기도 한다.

09 맷돌과 맷방석

맷돌은 곡식을 갈아서 가루로 만들 때 사용한다. 맷돌은 크기가 같은 둥글고 넓적한 윗돌과 아랫돌 두 개를 한 짝으로 사용한다. 술을 빚을 누룩을 만들 밀이나 보리를 갈아 가루로 만들 때 완성된 누룩을 가루로 만들어 사용할 때 주로 이용한다.

맷방석은 맷돌 밑에 깔아두는 맷돌 전용 방석으로 볏짚이나 왕골이나 천을 이용하여 만들기도 한다. 또 갈은 곡물가루가 밖으로 흩어지는 것을 방지하기 위하여 울타리를 세운 방석도 있는데 대개는 둥글게 만들기 때문에 두레방석이라고도 한다.

5 금산 인삼백주 제조방법

금산 인삼백주는 기존의 인삼주와는 완전히 다른 제조비법으로 만들어진다. 흔히들 생각하는 인삼주는 인삼 한 뿌리에 소주를 부어 우려낸 침출주로 큰 유리병에 들어있는 것이다. 그런데 금산 인삼주는 쌀과 누룩에 인삼을 분쇄해 넣고 저온 발효(18~22℃)시켜 만든 발효주이고, 인삼백주는 이를 다시 소줏고리를 통하여 증류시켜서 만드는 증류주를 말하므로 잘 구분할 필요가 있다. 그래서 금산 인삼주에는 인삼이 보이지 않는다. 인삼으로만 술을 빚으면 부패가 일어나기 때문에 쌀에 넣어 발효시켜 부패가 일어나지 않는 노하우가 있다. 한의학에서 약재로 쓰이는 인삼의 특별한 약효를 술에 담는 보유자의 비법으로 '금산 인삼백주'를 만든다. 인삼백주는 투명한 침출주가 아닌 쌀로 만들어서 발효가 끝나고 다시 증류시켜서 만들기 때문에 백주라 불린다.

인삼백주의 발효기간은 밑술제조 10일, 술덧을 담근 후 주발효와 후발효에 60일, 채주하여 숙성하는 기간 30일 등 총 100일이 걸리는 정성의 술이다. 인삼 발효주를 증류하여 만드는 인삼백주는 맛과 향에 있어서 단연 최고라고 할 수 있다. 색은 완전히 투명하며 소주로서의 맛과 향은 부드럽고 담백하고 온화하며, 특히 인삼으로부터 우러난 특유의 맛과 향기가 일품이고 숙취가 없다는 것도 장점이라고 한다.

지금부터, 김창수 보유자가 금산 인삼백주를 만드는 긴 여정에 동참하여 보자.

01 누룩 만들기

　누룩을 만드는 방법은 금산에서 생산된 재래종 통밀을 거칠게 빻고, 건조된 미삼을 잘게 부스러트린다. 양조용 용수를 끓여서 식힌 물로 반죽하여 누룩틀에 넣고 꼭꼭 밟아 누룩의 형태를 만든다. 금산 인삼백주 제조에 사용하는 누룩은 통밀과 미삼으로 만드는 독특한 누룩으로서 누룩이 다 뜨고 나면 옅은 노란색을 띤다. 3개월 정도의 발효기간이 지나면 국자와 인삼 특유의 향취가 난다. 금산 인삼백주의 누룩은 여러 가지 효소를 생성하는 누룩곰팡이, 털곰팡이, 거미줄곰팡이, 푸른 곰팡이 등의 사상균과 효모가 다량으로 착생하여 각종 효소를 생성하는 발효제의 역할을 한다

제조방법

① 이곳 금산 지역에서 생산되는 재래종 통밀을 비교적 거칠게 빻고, 미삼은 건조된 것을 잘게 부스러트려 사용한다.
② 누룩을 만들 때 원료의 배합비율은 무게로 따져 통밀 9에 대하여 미삼 1의 비율로 배합한다.
③ 양조용 용수를 끓여서 식힌 물로 반죽하여 누룩틀에 넣고 꼭꼭 밟아 누룩의 형태를 만든다.
④ 만들어진 누룩은 그늘에서 적당하게 건조시킨 다음 볏짚과 약쑥을 겹겹이 두고 뜨는 상태를 관찰하며 약 3달 정도 띄운다.

⑤ 누룩이 충분히 뜨고 나면 그늘에서 완전하게 건조시켜 서늘하고 습기가 차지 않는 곳에 보관한다.

⑥ 누룩은 사용하기 직전에 빻아서 사용한다.

금산 인삼백주에 사용하는 누룩의 형태는 미삼으로 만드는 독특한 누룩으로 다 뜨고 나면 옅은 노란색을 띠며, 곡자와 인삼특유의 냄새가 난다. 누룩의 크기는 두께가 약 5~6cm이고 지름이 약 25cm 되는 원반형이다.

누룩 빚기

1. 분쇄 : 통밀(9)과 건조 미삼(1)을 거칠게 분쇄

2. 반죽 : 통밀, 건조미삼, 물을 가하여 반죽

3. 누룩 성형 : 반죽한 누룩을 흰 광목천을 깔고 누룩틀에서 꾹꾹 밟아 성형

4. 발효 : 잘 만들어진 누룩은 적당히 건조시킨 다음 볏짚과 약쑥을 겹겹이 덮어 3달 정도 띄어 사용

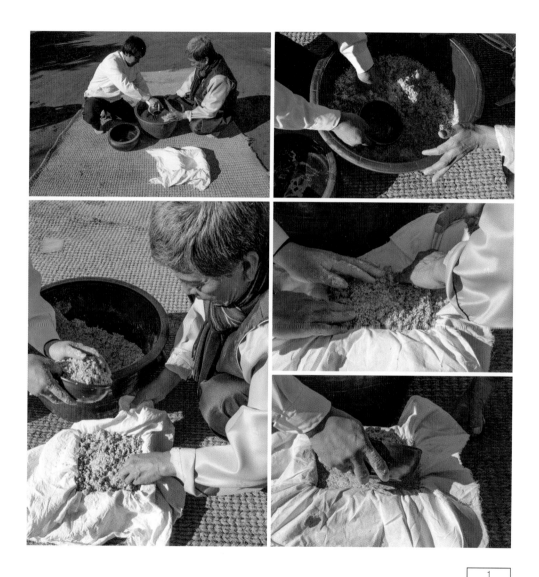

1_ 거칠게 빻은 통밀과 잘게 부순 미삼을 반죽
2_ 누룩반죽을 누룩틀에 넣기

1
2

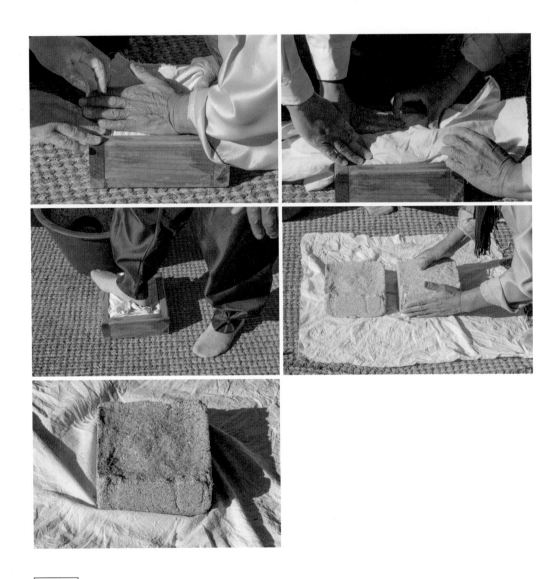

	1	
2		3
4		

1_ 누룩반죽을 손으로 잘 눌러 모양을 성형

2_ 누룩 디디기

3_ 누룩틀에서 누룩 빼기

4_ 누룩을 그늘에서 적당히 건조

02 밑술(주모 만들기)

인삼백주를 빚기 위해서는 먼저 밑술을 담아서 준비하여야 한다. 왜냐하면 술 덧을 발효시키려면 다량의 효모가 필요한데 필요한 양의 효모를 한 번에 충족시키는 것은 어렵기 때문에 처음에 소량의 주모를 발효하여 술을 담게 되는데 이것을 주모 또는 밑술 또는 술밑이라고 한다. 금산 인삼백주 제조에 사용하는 주모의 특징은 누룩을 만들 때부터 인삼을 사용하기 때문에 여러 종류의 미생물이 잘 증식하여 주정 발효가 효과적으로 진행될 뿐만 아니라 잡균의 번식이 억제되어 이상 발효로 인하여 술이 실패하는 것을 방지할 수 있게 해 준다.

금산 인삼주 제조에 사용하는 주모는 약 70%까지 도정한 멥쌀, 미삼, 누룩, 물 등을 사용한다. 금산 인삼주 제조에 시용하는 누룩은 이 지역에서 생산하는 통밀 과 미삼으로 만든 것이다. 밑술의 배합비율은 백미 9와 미삼 1에 대하여 누룩 3, 양 조용수 5의 비율로 밑술을 담는다.

제조방법

① 7분도 백미로 만든 고두밥에 미삼과 누룩을 넣고 끓여서 식힌 양조용수를 넣는다. 주 원료인 백미는 양조용 용수에 하룻밤 담가 두었다가 다음 날 흐르는 물에 여러 번 씻어서 소쿠리에 건져 내고 물기를 제거한 다음에 시루에 넣어 쪄낸 다음 얇게 펴서 식혀 고두밥을 만든다.

② 이 때 재료들이 뭉치지 않도록 잘 풀어서 누룩이 골고루 섞이도록 용수를 여러 번에 나누어 섞으면서 손바닥으로 잘 비벼 넣는다.

③ 잘 섞여진 밑술을 항아리에 옮겨 담고 뚜껑을 덮고 담요나 이불로 둘러 싸서 보온을 한다.

④ 발효가 진행되면 바깥온도가 약 25℃일 때 내부 온도는 32℃까지 상승하게 된다. 약 3일이 지나면 거품이 일고 발효가 왕성하게 진행되고, 그 후 거품이 점차 가라 앉는다.

⑤ 발효가 끝날 때 쯤 밑술 항아리를 옮겨서 술 담그기에 들어가는데, 밑술은 술 덧 담금시기에 맞추어 미리 잘 준비하는 것이 필요하다.

밑술 담기 공정

1. 세미 : 백미를 잘 씻어 하룻밤 불린다

2. 증미 : 불린 쌀은 소쿠리에 건져 물기를 제거하고 고두밥 짓기

3. 냉각 : 고두밥을 펼쳐서 식힌다

4. 분쇄 : 봄에 빚어 놓은 누룩을 분쇄

5. 혼합 : 고두밥(9), 미삼 (1), 누룩 (3), 물(5)의 비율로 섞는다

6. 교반 : 재료가 잘 섞이도록 혼합

7. 발효 및 숙성 : 항아리에 담아서 뚜껑을 덮고 이불로 싸서 온도를 유지

　3일이 지나면 거품이 일어나 발효가 왕성하게 일어남

1_ 고두밥 식히기
2_ 고두밥에 미삼과 누룩을 손바닥으로 잘 비벼 섞기

<table>
1
2
</table>

03 술덧 담금과 발효과정

    금산 인삼주의 술덧 담금 재료와 비율은 고두밥 9에 대하여 미삼 0.5, 솔잎가루 0.2의 비율로 배합하고, 여기에 밑술을 중량비로 2의 비율로 배합하여 술덧을 만들게 된다.

술덧 담금 과정

① 백미를 하룻밤 동안 담궈 두었다가 다음날 아침 어러 번 씻어 소쿠리에 건져 내어 물기를 제거하고 시루에 넣고 찐다.

② 시루에서 쩌낸 고두밥을 깨끗한 돗자리에 펴서 식히는데 이것을 지에밥이라 고 부른다. 지에밥이 완전히 익은 것과 덜 익은 것에 따라 주질이 달라지는데 금산 인삼백주를 빚을 때는 반드시 완전하게 익힌 지에밥을 사용하여야 한다.

③ 지에밥이 적당히 식으면 널따란 함지박에 옮겨 담고 부재료인 미삼과 솔잎을 넣고 밑술로 버무린다.

④ 밑술과 술덧 재료들을 손바닥으로 비벼가면서 잘 섞어 술독에 옮겨 담는다. 이 때 밑술을 조금 남겨 두었다가 술독의 윗부분에 묻어 있는 재료들을 잘 씻 어내려 이런 찌꺼기들 때문에 잡균들이 번식하여 이상발효가 일어나 군내가 나지 않도록 술덧의 표면부위를 가지런하게 정리해 준다.

⑤ 술덧을 담을 독은 미리 잘 씻어 짚불을 피워 놓고 그 위에 독을 엎어 연기가 들어가 독안이 소독되도록 한 다음 마른 행주로 닦아내어 그늘지고 통풍이

잘 되는 장소에 놓는다.

⑥ 술독은 공기가 잘 통하도록 망사 천으로 뚜껑을 한다. 이렇게 하여 약 보름내지 20여일이 지나 1차 발효가 끝나면 밀봉하여 둔다.

발효 숙성 과정 (인삼주)

금산 인삼주는 음력 정월에 담는 것이 가장 적당하나 온도 조절이 가능한 장소라면 한여름만 피한다면 아무 때나 빚을 수 있으며, 보관하는 장소는 습기가 차지 않고 통풍이 잘 되며 햇볕이 들지 않는 서늘한 곳 일수록 좋다.

① 발효 초기에는 밑술로부터 증식된 효모와 유기산이 다량의 술덧으로 인하여 희석되어 산도가 떨어지기 때문에 잡균이 번식하기 쉬우므로 조심하여야 한다.

② 발효가 진행됨에 따라 여러 종류의 미생물의 효소 작용으로 전분질이 당화되고, 효모의 작용으로 알코올 분해가 일어나는 병행 복발효가 진행되므로 온도가 너무 높아지면 잡균이 번식하기 때문에 술의 품질이 떨어지게 된다.

③ 이때 술덧의 온도가 37℃ 이상 올라가지 않도록 하는 것이 중요하다.

④ 술덧을 담금하여 발효가 시작되면 약 3~5일이 지나면서부터 발생하는 탄산가스 터져 나오는 소리로 발효 상태를 짐작하여 예측할 수 있으며 그 후 술덧의 표면에 테(갓)가 형성되는데 그 모양과 크기 및 색깔을 관찰함으로써 주질을 예측할 수 있다.

⑤ 뿐만 아니라 용수를 박아 그 속에 고이는 술의 색, 향, 맛을 종합적으로 음미함으로써 주질을 판단할 수 있다.

⑥ 금산 인삼주의 전체적인 발효 과정에 소요되는 시간은 밑술 제조에 약 10일

정도가 소요되고, 술덧 담금후 주발효과 후발효에 약 60여일 정도가 소요되고, 그 후 채주하여 약 30일 정도 숙성시키는 등 모두 약 100일 정도가 소요되나 오래 둘수록 향미가 좋아져서 술의 품질이 상승된다.

금산 인삼백주 담그기 공정

* 술덧 담금
1. 세미 : 백미를 잘 씻어 하룻밤 불리기

2. 증미 : 고두밥 짓기

3. 냉각 : 고두밥을 펼쳐서 식혀 지에밥 만들기

4. 혼합 : 지에밥, 미삼, 솔잎, 밑술로 혼합

5. 교반 : 재료가 잘 섞이도록 혼합

6. 사입 : 소독된 항아리에 밑술과 술덧을 잘 섞어 옮겨 담고, 잡균이 번식되지 않도록 표면을 가지런히 정리

7. 1차 발효 : 공기가 잘 통하는 망사천으로 덮고 20일이 지난 후 1차발효가 끝나면 밀봉

* 인삼주의 발효 숙성
1. 발효 초기 : 발효 초기에는 밑술로부터 증식된 효모와 유기산이 다량의 술덧으로 인하여 희석되어 산도가 떨어지기 때문에 잡균이 번식하기 쉬우므로 유의

2. 복발효 진행 : 알코올 발효의 진행으로 술덧의 품온이 37℃ 이상 올라가지 않도록 함

3. 주질 관리 : 발효 시작 후 3~5일 후 탄산가스 터지는 소리

술덧의 표면에 테가 생김

용수를 박아 술의 색, 향, 맛으로 주질 평가 (40일간 발효)

4. 여과 및 숙성 : 용수를 박아 채주하여 숙성 (30일)하여 청주로 만듦

고두밥 짓기

고두밥을 식혀서 지에밥 만들기

지에밥, 미삼, 솔잎을 밑술과 혼합

1 ₁_ 밑술과 술덧을 잘 섞어 항아리에 담기
2 ₂_ 공기가 잘 통하는 망사천을 덮고 1차 발효

04 증류하여 소주(인삼백주) 만들기

금산 인삼주는 술덧을 담금하여 주발효와 후발효가 끝난 후 채주하여 청주(약주)로 만드는 것과 이것을 증류하여 증류주인 소주를 만드는 두 가지 기법을 모두 실시하고 있다는 것이 다른 전통 민속주에서 볼 수 없는 금산 인삼주의 특징이다.

발효 인삼주를 증류하게 되면 모든 술이 처음에는 알코올 함량 80% 이상에서 서서히 알코올 함량이 내려가 적정한 알코올 함량을 맞추는데 이를 '금산 인삼백주' 라고 한다. 알코올 함량 40% 정도에 맞추어진 부드럽고 깨끗한 맛의 인삼백주가 된다.

제조과정

① 금산 인삼주를 증류하여 증류식 소주를 만들 때에는 발효 숙성이 끝난 술덧을 일단 저온실에 저장하여 두었다가 증류한다.

② 증류할 때에는 우리 고유의 전통적인 소주고리를 사용하여 증류한다.

③ 술덧 4말 정도를 솥에 넣고 가마솥에 불을 때고 냉각수를 그릇에 담아주고 증류한다.

④ 약 30 분 후 알코올 함량 70~80% 정도의 증류액이 나온다. 이 때 냉각수를 7~8분마다 한 번씩 갈아주며 약 7~8번 정도 받아낸다.

⑤ 증류 후기에는 주정분이 낮은 증류액이 나오며 50~60분 정도가 지나면 증류를 끝낸다.

⑥ 증류가 끝나면 처음 증류액과 나중 증류액을 혼합하여 소주의 주정도를 조정한다.

⑦ 이렇게 증류하여 알코올 함량 약 40~50% 정도의 소주를 얻을 수 있다.

증류하여 소주 만들기

1. 증류 : 술덧 4말 정도를 가열

2. 증류액 받기 : 가열 30분 이후부터 알코올 함량 70~80%의 증류액이 나온다. 이때 냉각수 그
   릇의 물을 7~8분마다 갈아준다. 총 7~8회의 증류액을 받음

3. 증류 종류 : 50~60분 이후에는 주정함량이 낮은 증류액이 나오게 됨

4. 제성 : 처음 증류액과 후기 증류액을 혼합하여 알코올 함량 40~50%로 주정도를 조정

5. 병입 : 3~5개월 숙성 후 병에 넣어 출고

용수를 박아 여과

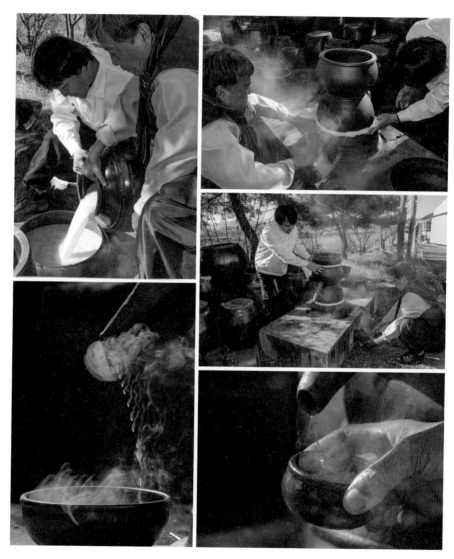

1_ 발효된 인삼주를 가마솥에 붓기 2_ 소줏고리에 시루번 붙이기
3_ 인삼백주 증류액 받기 4_ 인삼백주를 가열하여 증류하기
5_ 증류되어 나오는 인삼백주

1	2
	4
3	5

05 소줏불 다루기

이렇게 술을 증류할 때 가장 중요한 것은 불의 세기 즉 불땀을 잘 조절하는 것이다. 불의 성질을 잘 모르고서는 결코 좋은 소주를 얻을 수가 없다. 즉 정성을 고도로 요하는 작업이라고 할 수 있다. 불의 세기를 강하게 하면 알코올 함량은 낮지만 얻어지는 소주의 양이 많다. 반대로 불의 세기를 약하게 하면 얻는 소주의 양이 상대적으로 적어진다. 불의 세기를 강하게 하여 소주의 양을 많이 얻는다는 것은 솥 안의 물도 함께 증류되는 현상이므로 알코올 함량이 낮은 소주가 얻어지고, 더불어 솥에서 탄 냄새가 나는 등 이취가 심해지는 경향이 있다.

그러나 불의 세기를 약하게 하면 이취가 없고 맛과 향이 좋으면서 알코올 함량이 높은 소주를 얻을 수가 있어서 좋기는 하지만, 상대적으로 소주의 양이 적기 때문에 비경제적인 방법이 된다. 이를 잘 조절하는 것이 가장 중요하다.

따라서 불의 세기를 조절할 때 소줏고리의 귀때를 통해 이슬방울처럼 떨어져 내리는 술이 독립적으로 떨어지지도 않고 그렇다고 물줄기를 지어 흘러내리는 것도 아닌 다시 말해서 방울 방울 떨어져 내려오되 연속성을 띠는 상태라고 한다. 김창수 보유자는 "지금은 첨단 설비를 갖춘 증류기를 많이들 사용하지만 과거에 장작불을 때서 소주를 내릴 때에는 아주 힘들고 온 정성을 다해서 증류했다. 마당 한 곁에 자리 잡은 화덕에 가마솥을 걸쳐 놓고 소주를 내리면 한시도 가마솥을 떠나지 않고 소주를 내렸다"고 한다.

06   저장 방법

　금산 발효 인삼주를 증류하여 만드는 인삼백주는 전통적인 증류식 소주이다. 알코올 함량이 40% 이상이므로 밀봉만 제대로 해 놓으면 얼마든지 오랫동안 저장이 가능할 뿐만 아니라 오래 저장할수록 술맛이 무르익어 소주의 품질이 더욱 좋아진다. 대개 증류가 끝난 소주는 3~5개월간 숙성시키고 숙성이 완료된 후 병에 넣어서 출고한다고 하였다. 이로써 금산 인삼백주로서의 소주가 탄생되는 것이다.

6 금산 인삼백주의 전승현황

충청남도 무형문화재 제19호 '금산 인삼백주' 기능 보유자인 김창수씨는 1941년 12월 14일에 금산군 금성면 파초리에서 맏이로 태어났다. 전승 계보 및 계열을 보면 금산 인삼백주는 기능 보유자인 김창수의 18대 선조인 김문기로부터 16대에 걸쳐 전승되어 오고 있다.

전승계보는 다음과 같다

김문기→김현석→김충립→김명지→김영년→김헌→김중렬→김만필→
김하제→김엽→김학조→김광필→김예동→김한홍→김의철→김양권→
김형화→김용운→김창수

충청남도 금산은 1,500년 전에도 인삼이 재배됐던 기록이 남아 있는, 그야말로 인삼과 가장 잘 맞는 땅이다. 금산의 고려인삼은 크게 자라지는 않지만 단단하기로 유명하고, 사포닌 함량과 성분이 우수해 약효가 제일가기로 유명하다. 청록의 인삼밭이 온통 뒤덮은 금산은 최대의 인삼 재배지인 동시에 전국의 인삼이 모여드는 집산지이기도 하다. 인삼의 종주지로서 해외에까지 이름을 떨치고 있다.

그곳에서 직접 무농약으로 인삼밭을 꾸리고, 인삼을 발효시켜 보유자의 손길을 타고 만들어 지는 금산 인삼백주는 진정한 인삼주의 의미를 가진다. 술은 제사와 잔치에 쓰이는 의례용으로 사람이 살아가는 행위 속에 문화를 더하는 산물이다. 술은 축하와 위로와 조상의 그리움을 전하던 매우 고급스러운 매개체이다.

조선시대 사육신 중 한 분인 김문기 가문에 대대로 전해져 내려오던 인삼주는 16대손인 김창수 보유자에 의해 현대에 부활하게 됐다. 김창수 보유자는 1972년부터 막걸리 양조장을 했는데 그 무렵부터 할머니와 어머니가 담그시던 인삼주를 만들어보기 시작했다. 양조장 사업을 시작한 어느 날, 숙모가 집에 오셔서 집안에 내려오는 인삼주를 한번 만들어 보라고 권하셨다. 어려서 제사나 명절 때 만들어 올렸던 인삼주의 추억이 떠올랐다.

어려서부터 어른들이 하시던 걸 어깨 너머로 보고 익힌 것을 기초로 하여 인삼주 담그기를 시도하였다. 어머니가 술을 빚으실 때 절구에 인삼을 넣어 아주 오래 찧고 빻았던 기억이 떠올랐다. 인삼의 모양을 살리려고 통째로 넣으면 발효 도중에 인삼이 썩어버려서 발효가 좋지 않았다. 할머니와 어머니가 인삼을 잘게 빻아 넣으신 비법이 있으셨던 것을 깨닫는 계기가 되었다. 그래서 집안에 내려오는 가전문헌인 「주향녹단」, 「잡록」으로 공부하며 인삼주 재현에 힘을 썼다.

보유자는 양조장을 시작해 막걸리를 만들어 핀 지 3여년이 지난 후부터 인삼백주 재현을 위한 연구와 실험을 반복하였다. 전수 받은 인삼주는 전통주 특유의 냄새도 나고 현대인 입맛에 맞지 않을 뿐 아니라 품질이 균일하지도 않았기 때문에, 최고의 민속주로 만들겠다는 소명감을 가지고 밤낮없이 최선을 다하였다. 김창수 보유자는 그 시절을 이렇게 회고한다.

"방의 윗목과 아랫목을 전전하고 연탄난로를 피워 보기도 하면서 누룩의 발효 온습도를 바꾸어 봤다. 술에 넣는 인삼 양을 줄이거나 늘려도 봤다. 실험 장소와 설비가 마땅치 않아 결과는 대부분 들쭉날쭉했다. 양조장에서 돈을 벌어들이는 족족 실험에 투입해 살림은 항상 쪼들렸다."

수많은 실패와 노력 끝에 1980년대 중반에 인삼주가 탄생하게 되었다. 쌀과 누룩에 인삼을 분쇄해 넣고 막걸리를 만들고 저온발효(18~22℃)와 100일간의 숙성기간이 지나면 주질이 좋아진다는 것도 발견하게 되었다. 이렇게 탄생된 보유자의 인삼주는 인삼의 쌉싸름한 맛이 독특하고, 부드럽게 넘어가는 술이 되었다. 이러한 발효주인 임삼주를 가지고 이를 증류시킨 인삼백주를 드디어 만들게 되었다.

금산 인삼백주는 1994년 농림부에서 전통식품 명인으로, 1996년에는 충청남도 무형문화재 제19호로 지정됐다. 지금은 조카인 김정민씨가 이수자로써 인삼백주의 맥을 잇고 있다.

김창수 보유자는 2000년 전통주 제조자 가운데에서는 처음으로 주식회사 형태의 회사를 설립해 대량 생산에 들어갔다. 대지 3000m²(약 900평) 규모로 건설된 공장의 자동화 설비에서 1분당 100여 병의 인삼주가 생산된다. 인삼주 외에 홍삼주와 인삼주 증류주 등도 생산되고 있다.

보유자가 만든 금산 인삼주와 인삼백주는 여러 국제회의에서 만찬주로 채택되고 그 명성을 드높였다. 2000년 10월 서울에서 열린 아시아와 유럽 사이의 동반자 관계를 구축하기 위한 정상회의 'ASEM(아시아유럽 정상회의)'에서 '금산 인삼주'가 공식 건배주로 채택되어 극찬을 받으며 명주로서의 명성을 떨쳤으며 세계화와 특별한 전통주에서 친근한 전통주가 되는 것을 목표로 '인삼주'의 대중화에 힘쓰고 있다.

또한 청와대의 설날과 추석 선물세트로 지정되는 것은 물론 한·중앙아시아문화교류협회의 주최로 열린 '2010년 투르크메니스탄 문화의 날 행사' 대표단 공식 건배주로도 사용되어 그 이름값을 하였다. 그 후 2010년도에 '제1회 대한민국 우리술 품평회'에서 청주와 약주 부문 대상을 받았고, 이듬해인 2011년도 '제2회 대한민국 우리술 품평회' 대회에서도 일반 증류주 부문 금상으로 농림수산부 장관상을 받았다. 2015년에는 '샌프랜시스코 국제주류품평회'에서 은상, '벨기에 몽드셀렉션'에서 금상을 수상하였다. 또한 '금산 인삼백주'는 금산 지역의 문화제인 '금산 인삼축제'와 매년 9월 23일 행해지는 '칠백의총 추향제'에 제주祭酒로 올려졌다.

김창수 보유자는 인삼주의 다양한 상품화를 위하여 제품개발을 시도하였다. 수출용으로 시각적인 느낌을 살리기 위해서 완성된 술에 수삼을 넣게 되었다. 1999년 일본 수출을 시작했고 2000년도엔 미국 FDA 주류 승인 심사도 통과했다. 그런데 솔잎과 쑥은 미국 내에서는 약용이 아닌 야생풀이라 식용으로 사용허가가 나질 않았다. 그런 이유로 솔잎과 쑥을 공정에서 제외시키게 됐는데 그 부분이 가장 아쉽다고 한다.

김창수 보유자는 금산 인삼백주에 명문가의 명주를 계승하는 자부심을 가지고 있었다. 그러나 현재 여러 가지 어려움에 봉착해 있다. 인삼백주를 상품화시키기 위해 공장을 짓고 다각도로 노력했지만 현재 인삼백주 공장은 다른 사람에게 넘어가 운영되고 있다.

금산 인삼백주의 이수자인 김정민씨는 공장에서 공장장으로 근무하면서 상품화된 인삼백주를 만들고 있다. 김창수 보유자는 기술을 제공하고 필요할 때 자문을 해주는 자문위원으로서의 위치에 있다. 그동안의 김창수 보유자의 노력에 비해 아직도 우리 전통주의 판로개척이 어렵다는 것을 여실히 보여준다. 결국 김창수 보유자가 피땀으로 일군 금산 인삼주 공장이 남의 손에 넘어가 있는 것이 어쩌면 어려운 우리 전통주의 현실을 보여주는 것일지도 모르겠다.

<table>
<tr><td colspan="2" align="center">1</td></tr>
<tr><td align="center">2</td><td align="center">3</td></tr>
</table>

1_ 금산 인삼백주 양조장 전경과 금산 인삼밭
2_ 금산 인삼백주 명인 김창수
3_ 이수자 김정민

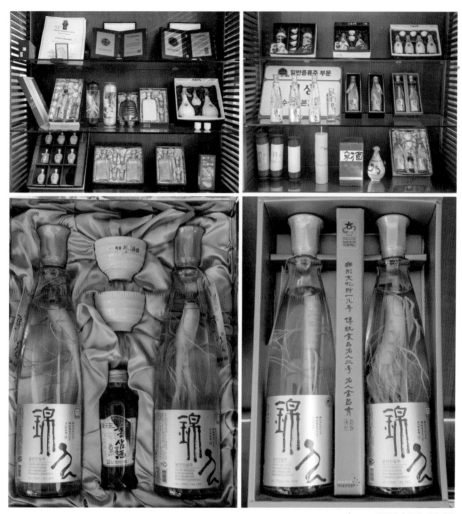

상품화된 금산 인삼백주

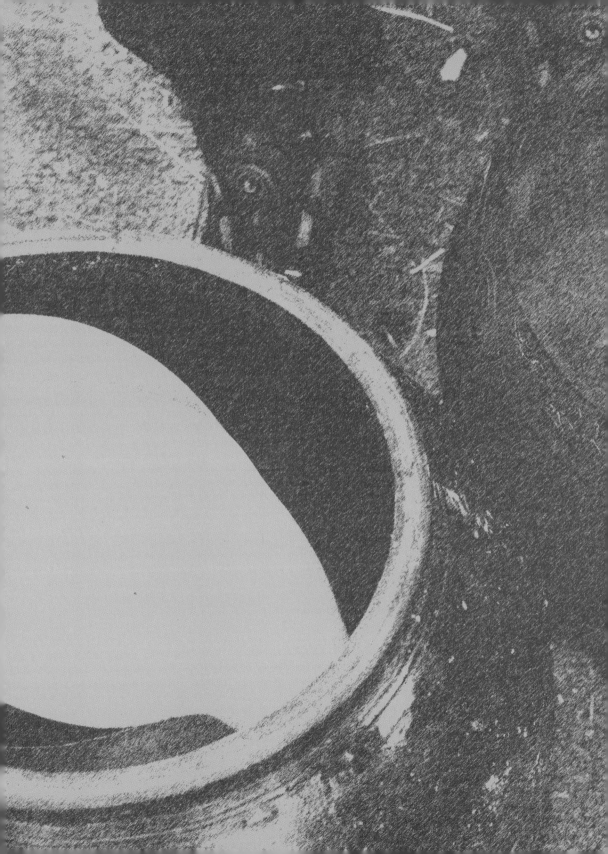

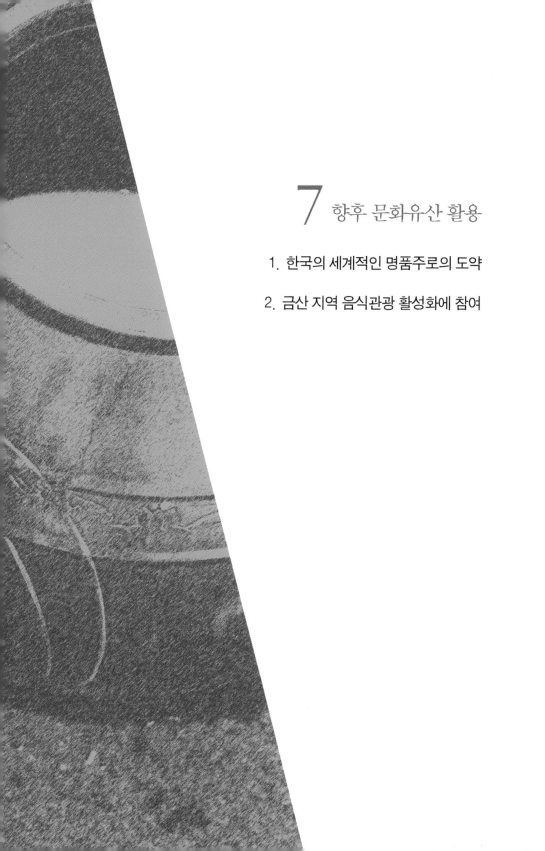

7 향후 문화유산 활용

1. 한국의 세계적인 명품주로의 도약

2. 금산 지역 음식관광 활성화에 참여

인삼백주는 여느 민속주와는 다르게 건강주이다. 약주라 불리어도 손상이 없을 것이다. 현재는 연중 고르게 소비되는 것 보다는 명절에 편중되거나, 소비층도 장년층으로 한정되어 있는 것도 해결해야 할 문제점 중 하나이다. 금산 인삼백주의 활용을 위한 다각적인 면을 고려해야 할 필요가 있다. 금산 인삼백주와 같은 전통주는 소비계층의 한정이라는 숙제를 안고 있는데, 이를 문화적 가치로써 승화시켜 활성화해야 할 것이다.

즉 우리나라 대표 인삼 산지인 금산 지역의 특산품을 이용한 고급 전통주라고 고부가가치화 하여 지역개발과 연계한 문화산업으로 함께 발전시키고 이미지 마케팅을 통한 가치 상승이 필요한 시점이다. 이를 발전시켜 지역의 한정된 명주를 넘어서서 고급브랜드의 격을 갖춘 한국 전통주로써의 브랜드 이미지의 격상이 함께 이루어져야 한다. 전통주의 선택속성에 제품외적인 면이 소비자의 선택에 영향을 미친다. 즉, 세련되고 젊은 세대에 어울릴 수 있는 제품 디자인을 개발할 필요가 있다.

김씨 문중의 가문의 명주를 집안과 지역의 명주를 넘어 최고의 명주가 되기 위해서는 일정한 품질관리와 제품의 원활한 수급이 이루어 질 수 있는 시스템이 갖추어져야 할 것이다. 또한 주조법의 명맥을 꾸준히 잇기 위하여 교육과정을 개설하여 충청도의 명주를 빚는 자부심을 가질 수 있는 기회를 제공해야 할 것이다. 따라서 프랑스의 '포도주', 네덜란드의 '튤립'과 같이 금산 인삼백주는 인삼종주지를 부각시키고 한국을 대표하는 명품주로 육성시켜야 한다.

01 한국의 세계적인 명품주로의 도약

고려인삼은 한국인이 자랑하고 세계인이 알아주는 세계 최고 명품이다. 중요한 건강기능식품으로 인삼은 많이 수출되고 있다. 그러나 금산 지역의 인삼 중 미삼을 활용하여 만든 인삼주는 잘 알려지지도 않고 수출이 어려운 실정이다. 그러나 다시금 생각해 보면 전통주 중에서도 금산 인삼백주는 사실 인삼이라는 브랜드만으로로도 세계인들에게 먹힐 수 있는 술이다.

최근 한식 세계화로 한식이 세계적으로 부각되고 있다. 그러나 음식에는 반드시 술이 따라야 한다. 한식에 가장 걸맞는 전통주를 개발하는 것이 중요하다. 그런데 우리 전통주 중에서 외국인들을 공략할 수 있는 대표적인 술은 인삼주라고 볼 수 있다. 우리 한식은 세계인들에게 건강식으로 가장 호평받고 있다. 인삼주로 이러한 건강성을 강조한 명품주로서 도약할 수 있다고 본다.

충청남도는 좀 더 적극적으로 인삼주를 세계 명주로 키울 시기가 왔다고 보인다. 그동안 물론 많은 인삼주 수출을 위한 노력이 있었지만 한식이 세계인들에게 먹히는 음식이 된 지금이 더 중요하다고 생각된다. 즉 한식 세계화로 한식이 세계인들에게 알려지는 이 시기를 놓치지 말고 좀 더 적극적으로 뛰어들어 세계적인 명품주로 도약할 필요가 있다고 생각된다.

02 금산 지역 음식관광 활성화에 참여

현 정부는 농업분야 성장발전계획의 일환으로 '농식품의 6차 산업화'를 제시하였다. 이는 농업의 생산과 연계하여 유통·가공·외식·관광 등 2·3차 산업을 활성화하여 농촌지역의 신성장동력과 일자리를 창출하고, 6차 산업화 촉진을 위한 규제완화로 가공·향토 산업을 육성하고 마을공동체를 중심으로 관광·체험 등을 산업화하여 농촌관광과 체험 활성화를 꾀하자는 것이다.

농업이 발전하고 농촌이 잘 살기 위해서 농식품 산업의 고도화 필요성과 6차 산업의 필요성이 커지는 가운데 지역의 문화적 정체성을 대표한 음식자원을 활성화하는 것이 필요하다. 특히 3차 산업인 외식서비스와 관광산업과의 융합을 통해 새로운 부가가치를 창출하는 데에도 전통주는 중요한 역할을 할 수 있다.

따라서 이 인삼으로 유명한 금산 지역을 인삼주 문화 체험지역으로 선정하고 이의 중요한 기반을 가지는 금산 인삼주를 대표 상품으로 개발한다면 국내외적으로 이를 체험하기 위한 많은 관광객들을 불러 모을 수 있으리라고 생각된다. 물론 금산 인삼백주를 그 중심에 두고 인삼을 활용한 음식의 개발도 필요하다. 또한 금산군을 인삼음식과 인삼주 특구로 개발하여 여기에 와서 맛있는 인삼음식도 먹고 인삼주 양조 체험도 하는 복합 공간으로 개발하기를 제안해 본다.

미주

1장 금산 인삼백주의 역사

1) 유재우, 「전통주 아카이빙을 위한 기록학적 방법론 연구」, 명지대학교 기록정보과학 전문대학원 석사학위 논문, 2011.

2장 인삼의 특성과 재배 및 효능

1) 윤용민, 「국내 인삼종자의 생산·유통실태 조사 : 충남지역의 인삼종자 생산 및 유통을 사례로」, 공주대학교 석사학위 논문, 2015.

2) 이미정·김은혜·이동권, 「스트레스에 대한 고려인삼의 효능」, 고려인삼학회 3, 2008, 8~14쪽.

3) 박금주·한은정·최윤숙·한기철·박종서·정성현, 「db/db 마우스에서 상엽, 귀전우, 인삼 복합처방의 항당뇨 활성」, 한국생약학회 38(1), 2007, 10~14쪽.

4) 남기열, 「고려인삼의 주요 효능과 그 임상적 응용」, 고려인삼학회 26(3), 2002, 111~131쪽.

⋮ 참고문헌

국순자, 「인삼첨가방법을 달리한 전통 인삼 약주 제조 연구」, 한경대학교 석사학위논문,
    2003.

김지영·박금순, 「전통주에 대한 소비자의 이용 현황 및 요구도 분석, 전통주에 대한 소
    비자의 이용 현황 및 요구도 분석」, 한국식품조리과학회지 30(1), 2014, 41~50쪽.

농림축산식품부, 『우리가 몰랐던 진짜 고려인삼 이야기』, 2016.

농천진흥청, 『풀어쓴 고문헌 전통주 제조법』, 휴먼컬처아리랑, 2016.

박록담, 『전통주』, 대원사, 2004.

배상면, 『전통주 제조기술: 탁주, 약주편』, 배상면주류연구소, 2002.

서유구·조신호·정낙원 역, 『임원십육지』, 교문사, 2007.

윤지윤, 「전통 발효 인삼주의 양조과정 중 품질특성 및 생리활성」, 경희대학교 석사학위
    논문, 2005.

정동효, 『한국의 전통주』, 유한문화사, 2010.

정혜경·김미혜, 『한국인에게 막걸리는 무엇인가』, 교문사, 2012.

한복려, 「한국의 식문화 속의 인삼음식」, 東아시아食生活學會 2010년도 제39차 국제학
    술대회, 2010, 3~21쪽.

청양 구기자주

충청남도 무형문화재 제30호

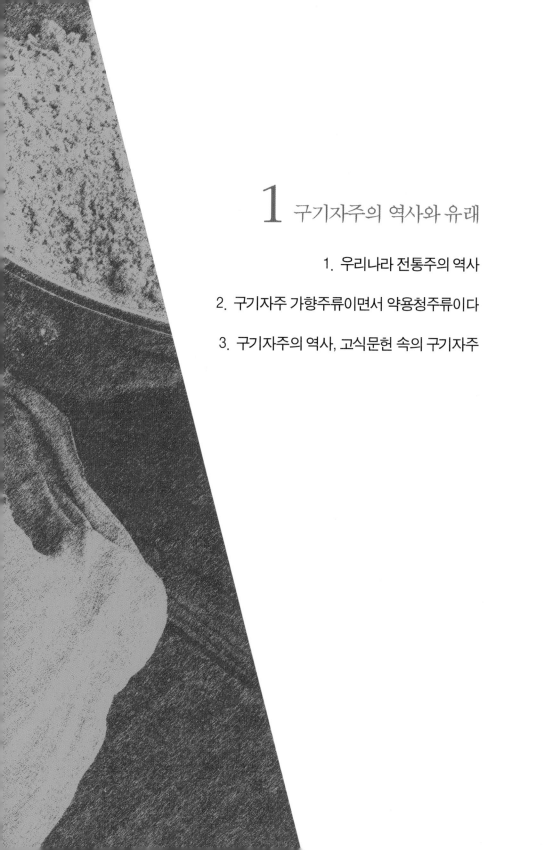

1 구기자주의 역사와 유래

01   우리나라 전통주의 역사

우리 민족은 극히 술을 사랑한 민족이다. 우리 민족의 역사는 술과 함께 해 왔다. 고대의 중요한 축제 때마다 빠지지 않고 등장하는 것은 음식과 술이었다. 술은 신과의 접신을 위해서도 필요했고, 인간과 인간의 어울림에도 빠지지 않는다. 인류 역사에서 술은 과일주에서 시작한 것으로 추정된다. 과일은 그냥 내버려두어도 술로 바뀔 수 있기 때문이다. 과일에 상처가 나면 과즙이 나오고 이것이 껍질에 있는 천연효모와 작용하여 과즙 속 당분이 알코올과 이산화탄소로 분해되기 때문이다.

농경시대가 되면서 곡식으로 빚은 곡물 양조주가 생겨난다. 우리나라는 포도주와 같은 과일주의 전통보다는 곡물주의 전통을 가졌다. 그런데 이 곡물은 과일처럼 가만히 두면 발효가 되지 않는다. 곡물주는 우선 그 안에 들어있는 전분을 당화糖化해야 한다. 그런 다음 알코올 발효과정을 거쳐야 술이 된다. 전분을 당화하기 위해 넣는 것이 바로 밀 같은 곡물로 만드는 누룩이다. 우리 조상은 곡물로 지은 밥과 곡물의 기울로 만든 누룩으로 술을 만들어 마셨다. 즉 밥이 되는 곡물에 대한 지식이 풍부했으므로 가능했다.

고구려를 세운 동명성왕의 탄생설화는 술로 시작한다. 천제의 아들 해모수는 하백의 세 딸을 초대하여 술을 취하도록 마시게 하였더니 다른 딸들은 달아나고 큰딸 유화만이 남아 해모수와 인연을 맺어 고구려 시조 동명성왕이 태어났다고 한다. 이렇듯 우리 민족은 기원전부터 음주와 가무를 즐겼고 부여의 영고, 고구려의 동맹, 동예의 무천 같은 제천행사에서 집단적으로 춤과 노래를 부르면서 주술적 의미를 나눴다.

삼국시대에는 술 빚는 기술이 아주 능숙해져 중국에는 우리나라의 술에 대한 기록이 많으며 백제의 수수보리는 일본에 누룩으로 술 빚는 방법을 전했다고 한다. 고려시대에 이르면 이전부터 내려오던 곡물주의 양조법이 발달하고 증류법이 도입되어 우리의 대표적인 술이라고 할 수 있는 청주, 탁주, 소주의 기본적인 술이 성립되고 술 문화가 발달한다. 고려의 유학자인 이규보는 술을 마시지 않으면 시를 제대로 짓지 못하는 것으로 유명하고 술을 의인화한 국선생전을 짓기도 하였다.

조선시대는 집집마다 술을 빚는 가양주문화가 있었으며 우리 술 문화의 전성기를 이루었다. 또한 남부지방에서는 탁주, 중부지방에서는 약주, 북부지방에서는 증류주가 발달하였다. 술을 약으로 생각하여 약재를 넣은 술도 개발되고, 한 번에 술을 빚는 단양법에서 여러 차례 발효과정을 거치는 중양법이 확대되고, 조선 후기는 혼양주기법도 생겨나는 등 양조기법도 발달한다. 또한 꽃이나 과일, 열매 등 자연재료가 갖는 향기를 첨가한 술인 가향주도 발달한다. 조선시대의 「임원십육지」에는 꽃잎이나 향료들을 이용하여 빚은 약주를 향양주香釀酒 라 하였으며 송화주, 두견주, 국화주, 호산춘, 송순주 등이 있다. 이렇듯 조선시대 술 양조법이 발달하고 술 종류가 많았던 것은 이 당시 양반가의 가장 중요한 일이 '봉제사奉祭祀 접빈객接賓客'이었기 때문이다. 이들은 접빈객을 당연히 갖추어야 할 예로 생각하였고 제사를 모시고 손님을 접대할 때에는 직접 음식과 술을 장만하여 정성을 다하였다. 따라서 술은 기본을 이루는 것으로 집집마다 술을 담았던 전통이 존재했다. 각종 의례는 물론 제사상에는 술, 과일, 포를 기본으로 갖가지 음식을 올리고, 조상에게 절을 할 때마다 술을 따라 올렸다.

조선시대 선비들은 시와 문장 짓는 것을 기본 교양으로 여겨서 생활 속에서 술을 자연스럽게 즐겼다. 선비들은 시회를 열어서 술잔을 기울이며 시를 짓기도 했고, 취흥을 바탕으로 영감을 얻어 술을 사랑하는 마음을 문학과 그림으로 표현했다. 우리는 예부터 술 마시는 풍류를 생활 속에서 자연스럽게 즐기며 취흥을 예술로 승화시켰다.

그러다 한말 이후 외세의 압력으로 쇠락하기 시작하는 우리 전통주 문화는 일제강점기에 이르면 그 맥이 끊어져버리고 우리의 술도 점차 사라지게 된다. 광복 이후에도 우리 술 문화를 복원하고자 하였지만 각 집안에서 구전으로만 비법을 전해오는 방식으로 이어져 왔기 때문에 쉽게 복원되지 못하였다. 1980년대에 이르러서야 전통주 발굴이 이루어지고, 전통주를 무형문화재로 지정하기에 이른다. 2016년 현재 전통주로서는 3종의 국가 무형문화재와 29종의 지방 무형문화재로서술이 있다.

02 구기자주는 가향주류이면서 약용청주류이다

구기자주는 기본적으로 쌀과 누룩 그리고 물로 빚는 청주류이다. 여기에 몸에좋은 구기자나무의 열매, 잎, 뿌리를 전부 사용하고 두충껍질과 국화, 감초 등의 약재를 활용하여 담는 보양주인 약용약주의 범주에 속한다. 그리고 충남 청양의 하동 정씨 집안에서 약 150여 년 전부터 빚어 온 집안의 내림술로서의 전통을 가진 가양주라고 볼 수 있다.

우리나라 전통주는 계절감각이 깃들어 있고, 특히 사용 목적에 따라 술빚기를 각각 달리함으로써, 무엇보다 다양한 방법을 가장 큰 특징으로 꼽을 수 있다. 술에 꽃이나 과일, 열매 등 자연재료가 갖는 각각의 향기를 첨가한 술로 '가향주류加香酒類'라고 일컫는 술과 인삼, 당귀, 구기자 등 여러 가지 생약재를 넣어 빚는 '약용약주류藥用藥酒類'가 있다. 따라서 우리 전통 술은 술이 갖는 고유의 기능 외에 특별히 향기와 약리성을 즐기는 것으로서, 소위 '풍류'가 깃들었다고 하겠다.

먼저, 향기를 즐기는 가향주의 대부분은 겨울의 끝 무렵부터 피기 시작하는 꽃을 모았다가 사용하는 경우가 많으나, 더러 과일이나 그 껍질, 또는 약용식물의 잎을 사용하기도 한다. 우리가 가향주를 즐기게 된 데에는 술을 단순히 기호음료로만 인식하지 않고, 일월순천日月順天의 계절 변화에 따라 때마다 얻어지는 자연물을 섭생해 온 고유한 식습관에 기인한다.

그래서 봄이면 진달래며 개나리꽃을 술에 넣어 그 향기와 봄의 정취를 즐기고, 여름이면 장미나 박하·창포와 같은 꽃·잎·뿌리로 술을 빚어 더운 여름의 계절감각을 술에 곁들이기도 하고, 가을이면 유자나 귤과 같이 향기가 좋은 과일 껍질로 술에 향기를 불어 넣어 가을이 깊었음을 알리기도 하였다. 또 함박눈이 펄펄 내리는 엄동설한의 설중매는 그 향기가 뛰어나, 반쯤 핀 매화꽃을 술잔에 띄워 마시는 풍류로서, 우리네 조상들은 저마다의 심성을 맑게 정화시키는 등 고유한 음주문화를 낳기도 하였다.

가향주를 빚는데 사용할 부재료는 크게 꽃잎과 잎, 과일껍질로 나눌 수 있는데, 꽃잎의 경우는 가능한 반쯤 핀 꽃을 송이채 채취하여 흐르는 물에 살짝 씻어 물기를 털어 내고, 바람이 통하고 그늘진 곳에서 2~3일간 2회 정도 바짝 말려서 사용한다. 또 박하와 같이 향기가 좋은 잎새는 부드럽고 연한 것을 골라 채취하고 꽃잎과 같은 방법으로 건조시킨다. 과일껍질은 유자나 귤껍질이 주로 이용되는데, 물에 깨끗이 씻어 그늘에서 바짝 말려 사용해야 술맛이 좋다. 말리지 않은 생물을 사용할 경우는 역시 물에 씻은 후, 물기를 털어 내고 술을 빚을 때 함께 버무리거나, 술독 밑 바닥에 한 켜 깔고 술덧을 안치고, 다시 맨 위에 재료를 덮어서 발효시키는 방법이 있다.

흔히 술 한잔 나누자는 뜻으로 '약주 한잔하자'고 말하는 것을 듣게 되는데, 엄밀한 의미에서는 통상적으로 빚는 술에 약재와 기타 부재료를 함께 넣어 빚고, 일정 기간 익힌 술을 약용약주藥用藥酒 또는 약주藥酒라고 한다. 그러나 우리가 술을 흔히 약주藥酒라고 하는 데에는 밀주단속 과정에서 유래한다. 즉, 고려·조선시대 때 가뭄이나 한해寒害가 들면 식량사정이 어렵게 되므로, 쌀로 술을 빚는 것을 금하는 '금주령'을 내리곤 했는데, 환자가 병을 치료하기 위해 약으로 술을 마시는 경우는 예외로 하였다. 따라서 사대부나 부유층에서는 술 마시는 핑계를 "약주를 마신다"고 하였으므로, 서민들이 "점잖은 이(사대부, 부유층)가 마시는 술은 약주다"고 조롱한 데서 약주라는 말이 생겨났다는 것이다.

이러한 약용약주의 등장은 고려시대 이후로 여러 음식 관련 문헌에서 자주 볼 수 있다. 도소주屠蘇酒를 비롯하여 자주煮酒, 동양주東陽酒, 국화주菊花酒와 같이 여러 가지 약재를 함께 달이거나 삶거나 찌거나 하여 곡주를 빚을 때 재료에 넣어 함께 빚는 술이 있으나, 그 수효는 많지 않다. 그리고 약재의 선택도 오가피, 구기자, 창포, 송령, 죽엽, 치황, 인삼 등 단일 약재를 넣어 빚는 약주류들이 많다. 한약재를 이용하는 법도 단양주에서는 삶은 물이나 즙을 내어 이용하는 경우가 많고, 이양주에서는 밑술이나 덧술에 한 번 넣는 방법이 주류를 이루는데, 그 처리 방법은 삶은 것, 찐 것, 볶은 것, 날 것, 가루, 즙 등 다양하다.

이러한 약용약주가 일반화된 것은, 조선조 중엽 허균의 「동의보감」이 편찬된 이후부터이다. 그 이전에는 약재가 비싸서 사대부나 부유층에서 약주를 빚어 마셨던 것인데, 「동의보감」의 '잡병편'에 자생 약재의 효능 소개와 처방이 수록됨에 따라, 일반 서민들 사이에서도 주변에서 쉽게 구할 수 있는 약재를 질병치료와 예방 목적으로 술에 넣어 빚어 마시게 되었던 것이다. 그런데 서민층에서 빚어 마시던 약용 약주류는 질병치료 목적에서 약을 복용하기 위한 수단으로 술을 빚기 때문에 술맛에 있어, 은은한 향기나 취기보다는 쓴맛과 약 냄새가 강한 것이 특징이다.

03   구기자주의 역사, 고식문헌 속의 구기자주

한국의 음식관련 고문헌 및 근대문헌을 살펴보면 구기자가 주재료로 사용된 경우가 꽤 된다. 먼저, 「산림경제」(홍만선, 1643~1715)에 구기자주가 나오고 이후 「증보산림경제」(유중림, 1766)에는 구기자를 활용한 구기자주와 구기차가 나온다. 이후 안동지역의 반가조리서인 「온주법」(저자미상, 1700년대 후기)에도 구기자주가 나온다. 1800년대 후반의 서울 반가의 가정생활백과사전이라고 할 수 있는 「규합총서」(빙허각 이씨, 1809)에도 구기자술이 기록되어 있다. 이후 「승부리안주방문」(저자미상, 1813)의 구기주법이 나온다. 이후 조선후기 유명한 실학서인 「임원십육지」(서유구, 1835년경)에는 다양한 구기자를 이용한 조리법이 소개되어있는데 구기죽방, 구기차 방, 구기주이다. 그리고 경북지역의 술조리서인 「주찬」(저자미상, 1800년대)에도 구기 주가 나온다. 이후 규합총서의 필사본으로 알려진 「부인필지」(저자미상, 1915)에도 구기주법이 나온다.

근대로 들어서서 「조선무쌍신식요리제법」(이용기, 1924)에는 구기다, 기국다로 기 록된 차 종류가 나온다. 이상과 같이 1400년~1940년대에 구기자는 현대에 쓰는 그 대로 표기되었으며, 음청류와 주류로 조리되었음을 알 수 있다.

다음으로 조선시대의 여러 문헌에 기술된 구기자주 제조법과 효능에 대해서 자 세히 알아보자. 표는 한국 음식관련 고문헌과 근대문헌에 기록된 구기자를 이용 한 술과 음식조리법을 정리한 것이다.

〈표 1〉 한국 고문헌과 근대문헌에 기록된 구기자주의 조리방법

	구기주(술)/ 구기주법	특징
지봉유설	구기주	침출법 (재료에 밝은 술을 부어 만듦) 지골피, 잎, 꽃, 말린 구기자를 시기별로 채취하여 술을 담금 장수와 젊음을 유지하는 일화
산림경제	구기자주	침출법 (재료에 청주를 부어 만듦) 채취 시기(뿌리, 잎, 꽃, 줄기, 열매)와 술 담그는 시기 장수와 젊음을 유지하는 일화
증보산림경제	구기주 법	복용하는 법 (새벽에 복용하되, 식후에는 금지) 장수, 젊음, 건강을 유지하는 일화
고사신서	구기주	구기자 달인 물에 찹쌀, 누룩가루로 구기주를 담금(청양구기주 담금법과 유사)

	구기주(술)/ 구기주법	특징
온주법	구기자주	침출법(구기자뿌리와, 구기자꽃, 구기자 열매에 청주와 일두주에 침출) 젊음, 장수를 유지하는 일화
규합총서	구기자술	침출법 (구기자뿌리와, 구기자꽃, 구기자 열매에 청주에 침출) 젊음, 장수를 유지하는 일화
주찬	구기주	침출법 (구기자를 청주에 침출) 노화방지, 체력보강
임원십육지	구기주	침출법 (구기자를 좋은술에 담금) 구기나무뿌리, 생지황, 감국화에 찹쌀밥과 누룩으로 발효 건강, 젊음 유지 구기주의 효능
주식시의	구기자주법	침출법(구기자 말린 것을 맑은 술에 담금)
승부리안 주방문	구기주법	침출법(구기자뿌리, 구기자잎, 구기자 줄기, 구기자 열매를 청주에 담금) 젊음, 장수를 유지하는 일화
부인필지	구기주법	침출법(구기자뿌리를 청주에 담금)

문헌에 기록되어 있는 구기주에 관한 내용은 다음과 같다.

이수광李睟光이 지은 「지봉유설」은 조선시대 최초의 문화백과사전으로 평가를 받을 만큼 풍부한 내용을 담고 있다. 1633년에 그의 아들 성구와 민구에 의하여 「지봉선생집」과 함께 출간되었다. 지봉芝峯은 이수광의 호를 의미하며, 유설類說은 '분류별로 하고 싶은 말'이란 뜻이다. 즉, 유형별로 책을 편집했음을 말한다.

「지봉유설」의 서두에는 벗인 김현성의 서문과 이수광 스스로 지은 서문, 편찬 원칙을 밝힌 3칙의 범례가 수록되어 있다. 「지봉유설」의 뒤를 이어 저술된 이익의 「성호사설」, 이덕무의 「청장관전서」, 이규경의 「오주연문장전산고」 등은 백과사전적인 학풍이 조선시대 후기 학자들에게 상당히 풍미되었음을 보여주고 있다. 이러한 점에서 최초의 문화백과사전인 「지봉유설」은 실학적인 학문 풍조의 형성에 결정적인 단서를 제공해준 책이라고 할 수 있다. 그리고 조선시대 지식인들이 자신이 살아간 시대적 과제를 해결하고 국부의 증진과 민생 문제 해결을 위해 다양한 학문적 모색을 했음을 보여주는 대표적인 자료다. 후대의 실학자들은 「지봉유설」을 계승한 저작들을 연이어 출간함으로써 이수광의 선구적인 모습에 보답을 하였다.

「지봉유설」에는 구기주 담그는 법이 기록되어 있다. 주재료는 구기자나무 뿌리 1되(또는 잎, 꽃, 열매), 술 1말을 사용한다.

① 정월 보름 전 첫째 인일寅日에 구기자나무 뿌리를 캐어 1되쯤 될 만큼 그늘에서 말린다.

② 말린 구기자에 2월 첫째 묘일卯日에 맑은 술 1말을 부어가지고 만 7일이 된 다음에 찌꺼기는 버린다. 4월 첫째 사일巳日에 구기자나무 잎을, 7월 첫째 신일申日에 꽃을, 10월 첫째 해일亥日에 열매로 술을 만든다.

원문의 번역된 내용은 다음과 같다.

옛날 하서河西에 가던 사신이 길에서 한 여인을 만났는데, 나이는 16~17세 가량이었다. 그 여인이 흰 머리가 난 80~90세 되어 보이는 늙은이를 때리고 있었다. 사신은 그 어린 여자에게 어찌해서 늙은이를 때리느냐하고 물었다. 그 여인은 대답하기를, "이 아이는 내 셋째 자식인데 약을 먹을 줄을 몰라서 나보다 먼저 머리가 희어졌소"하였다. 여인의 나이를 물었더니 395세라는 것이다. 이에 사신은 말에서 내려 그 여인에게 절한 다음 오래 살고 늙지 않는 약이 무엇이냐고 물으니, 그 여인은 구기주枸杞酒 만드는 법을 가르쳐 주었다. 사신이 돌아와서 그 법대로 만들어 먹었더니 300년을 살아도 늙지 않았다 한다. 그 방법은, 정월 보름 전 첫째 인일寅日에 구기자나무 뿌리를 캐어 1되쯤 될 만큼 그늘에서 말린다. 여기에 2월 첫째 묘일卯日에 맑은 술 1말을 부어가지고 만 7일이 된 다음에 찌꺼기는 버리고 이것을 새벽에 마신다. 밥 먹은 뒤에는 마시지 말 것이다. 또 4월 첫째 사일巳日에 구기자나무 잎을 따서 1되 될 만큼 가늘게 썰어서 그늘에서 말린다. 5월 첫째 오일午日에 여기에 술 1말을 붓는다. 또 7월 첫째 신일申日에 꽃을 따서 1되 될 만큼 그늘에 말려서 8월 첫째 유일酉日에 술을 1말을 붓는다. 또 10월 첫째 해일亥日에 열매를 따서는 1되 될 만큼 가늘게 썰어서 그늘에서 말린 다음 11월 첫째 자일子日에 술 1말을 붓는다. 이렇게 하여 모두 위에 말한 법대로 해가지고 이것을 13일 동안만 먹으면 몸이 가벼워지고 기운이 왕성해진다. 다시 백 일을 마시면 얼굴이 고와지고 흰머리털이 다시 검게 되고, 빠졌던 이가 다시 나서 땅 위에 있는 신선이 된다고 했다. 상고하건대 「신선전」에 말하기를, "한나라 무제武帝가 보낸 사신이 하동河東에서 한 여인을 만났다고 하는데, 그 여인은 곧 신선 백산보의 생질녀였다" 라고 한다. 여기에서 꽃은 줄기라고 하는 것이 옳을 것이다.

「산림경제」는 조선 숙종 때 실학자 유암 홍만선이 농업과 일상생활에 관한 광범위한 사항을 기술한 소백과사전적인 책으로 필사본, 4권 4책이다. 내용은 16지志의 제목별로 나누어 제1지 '복거卜居'에서는 주택 등 건축물의 터 선정과 기초공사 등에 관해 기술하였다. 그가 언제 「산림경제」를 저술하였는지는 불확실하다.

「산림경제」는 여러 판본에 따라 항목의 선정과 순서에 차이가 있으나 그 내용은 비슷하다. 조선후기 농업사는 물론이며 의학사 및 생활사 연구에 필요한 자료가 된다. 술에 대한 기록은 〈치선治膳〉편에 보인다. 이 편에서는 식품의 저장과 조리 및 가공법에 대하여 여러 문헌의 기록을 종합하여 제시하고 있다. 이 중에서도 '누룩

디디는 법', '술 빚기', '술에 약 담는 법', '음식의 금기 사항'의 조항에서 술에 대한 기록을 살펴볼 수 있다. 따라서 한국 최초의 자연과학 및 기술에 관한 교본으로서 한국과학사에 빛나는 금자탑을 이룬 것인데, 간행을 보지 못한 채 수사본으로 전해 오다가 저술된 지 약 50년 후인 1766년 유중림에 의하여 16권 12책으로 증보되었고 이 저술을 바탕으로 서유구의 「임원경제지林園經濟志」가 순조 때 나오게 되었다.

「산림경제」에는 구기자의 채취 시기와 술 담그는 시기가 상세히 기록되어 있으며, 구기주의 주재료는 구기자뿌리, 잎, 꽃 또는 줄기, 열매를 사용한다. 일종의 침출주 형식의 구기주로 여겨진다.

뿌리(잎, 꽃, 줄기, 열매)를 캐서 청주 1말에 담그고, 7일이 지나면 찌꺼기는 걸러낸 후 담아내는 방식으로 술을 제조하였다.

구기자로 담근 술을 먹고 장수했다는 일화가 다음과 같이 남아 있다.

구기자를 술에 담가 먹는 방법은 정월 첫인일上寅日에 뿌리를 캐서 잘게 썰어 그늘에 말린 것 1되를 2월 첫 묘일上卯日에 청주淸酒 1말에 담갔다가 만 7일이 되면 찌꺼기는 버리고 새벽에 먹되 식후에 먹어서는 안 된다. 4월 첫사일上巳日에 잎을 채취하여 5월 첫오일上午日에 술을 담그고, 7월 첫신일上申日에 꽃 또는 줄기를 채취하여 8월 첫유일上酉日에 술에 담그고, 10월 첫해일上亥日에 열매를 채취하여 11월 첫 자일上子日에 술에 담그는데 먹는 방법은 위와 같다. 하서 지방의 여자들이 이 술을 먹고 395세를 살았는데도 마치 16~17세 같았다. 한나라 사신이 그 방법을 배워서 13일을 먹었더니 몸이 가벼워지고 기운이 왕성해졌으며, 100일을 먹으니 얼굴이 화

려해지고 백발이 다시 검어지며 빠진 이도 다시 나고 300년이 되어도 늙지 아니하였다.

「증보산림경제」는 유중림이 「산림경제」를 증보하여 엮은 필사본 농서이다. 「산림경제」가 내용이 백과사전식으로 되어 있어 농림방면에 이용하는 데는 소홀함이 있었다. 그리고 시간도 흐르고 중국의 문헌도 많이 들어와 종래의 이를 수정, 첨삭하여 대폭 증보하게 된 것이다.

「증보산림경제」에는 구기자를 술에 담가 복용하는 법이 다음과 같이 기록되어 있다.

1월 첫째 인일寅日에 뿌리를 캐어 잘게 썰어서 그늘에 말린다. 1되를 2월 첫째 묘일卯日에 청주 1말에 담가서 만 7일이 된 뒤 찌꺼기를 버리고 복용하는데, 새벽에 복용하고 식후에는 복용하지 말아야 한다. 4월 첫째 사일巳日에 잎을 따서 5월 첫째 오일午日에 술에 담갔다가 복용한다. 7월 첫째 신일申日에 꽃을 따는데 아마도 줄기일 것이다. 8월 첫째 유일酉日에 술에 담갔다가 복용한다. 10월 첫째 해일亥日에 열매를 따서 11월 첫째 자일子日에 술에 담갔다가 복용하는데 모두 앞에 나온 방법대로 한다. 예전에 하서河西 여자들이 이 술을 복용하고 3백 95세가 되어도 얼굴이 16~17세 아이와 같았는데 한나라 사자가 그 처방을 알아내어 13일을 복용하였더니 몸이 가뿐해지고 원기가 왕성해졌다. 1백일이 되어서는 얼굴도 화사해지고 흰머리가 도로 검어지며 빠진 이가 다시 나서 늙지 않고 3백년을 살았다.

씨앗 5되를 갈아서 청주 2말에 담갔다가 7일 만에 찌꺼기를 버리고 마시는데, 처음에는 1홉 정도 마시기 시작하다가 뒤에는 마시고 싶은 대로 마시면 몸에 도움이 된다.

씨앗 5되를 달여서 엿을 내리고 거칠게 빻은 누룩가루 1되와 섞어 둔다. 찹쌀 5되를 깨끗이 씻어 말려서 밥을 짓되 봄, 여름에는 차게 하고 가을, 겨울에는 조금 따뜻하게 해서 고르게 섞어서 항아리 안에 담아둔다. 여름에는 7일 동안 부지런히 살펴보면서 뜨겁게 하지 말아야 하고, 봄과 겨울에는 10일 동안 밀봉하여 꼭 닫아두었다가 숙성된 다음에 찌꺼기를 짜내고 먹는다. 오가피, 지황, 백출, 천문동 등의 술은 모두 이 방법대로 한다.

「고사신서」는 1771년 조선 후기의 학자인 서명응이 사대부로부터 관리 및 일반 선비들에 이르기까지 항상 기억해 두어야 할 사항을 기록한 책으로 어숙권의 「고사촬요」를 대폭 개정, 증보한 것이다. 수록내용은 천도天道·지리地理·기년紀年·전장典章·의례儀禮·행인行人·문예文藝·무비武備·농포農圃·일월日月·의약醫藥의 11개 부문으로 나뉘어 있다.

「고사신서」의 구기자의 주재료는 구기자 달인 물 5되, 누룩가루(거칠게 빻은 것) 1되, 찹쌀 5되를 사용한다. 「고사신서」에 구기주 담그는 법은 다음과 같이 기록되어 있다.

① 구기자 달인 물 5되를 끓여 묽은 엿처럼 만든다.
② 묽은 구기자 달인 물과 거칠게 빻은 누룩가루 1되를 담가 둔다.
③ 찹쌀 5되를 일어 씻어서 햇볕에 말려 밥을 짓는다. 찹쌀밥은 봄과 여름에는 차게, 가을과 겨울에는 약간 따뜻하게 한다.
④ 구기자 달인 물과 거칠게 빻은 누룩가루 즙에 넣고 지에밥을 넣고 골고루 섞어 항아리에 담는다. 여름에는 7일을 두는데 뜨겁지 않도록 하고, 봄과 겨울에는 10일간 밀봉하여 닫아둔다. 술이 익으면 주자에 걸러서 쓴다. 오가피, 지황, 백출, 천문동술도 모두 이 방법을 기준으로 한다.

원문의 번역된 내용은 다음과 같다.

구기자 달인 것 5되를 묽은 엿처럼 만들어 거칠게 빻은 누룩가루 1되를 담가 둔다. 찹쌀 5되를 일고 씻어 햇볕에 말려 밥을 짓는다. 봄과 여름에는 차게, 가을과 겨울에는 약간 따뜻하게 하여 구기자에 누룩가루를 담근 것과 합쳐서 골고루 섞어 항아리에 담는다. 여름에는 7일을 두는데 부지런히 살펴서 뜨겁지 않도록 한다. 봄과 겨울에는 10일간 밀봉하여 닫아둔다. 익으면 주자에 걸러서 쓴다. 오가피, 지황, 백출, 천문동술도 모두 이 방법을 기준으로 한다.

「온주법」은 1700년대 후기에 기록된 것으로 추정되는 의성 김씨 문중에서 내려오는 작자 미상의 한글 조리서로써 총 22면으로 이루어졌다. 음식과 관련된 항복은 총 56항목인데, 그 중 술과 관련된 항목은 46항목이다. 「온주법」은 「수운잡방」, 「음식디미방」 등과 함께 안동문화권 3대 고조리서 중의 하나이며, 전통주 연구의 결정적인 귀중한 자료이다. 「온주법」의 가치는 안동지역 18세기 반가의 술 만드는 법, 음식조리법, 여러 가지 약(환, 탕) 만드는 법, 염색법, 의복관리법, 초 만드는 법, 상 차리는 법 등 광범위한 안동 반가의 음식문화와 생활문화를 보여주는 것이며, 다른 조리서와는 다르게 온주법 총론에 술을 빚는 마음가짐과 태도, 술법, 술맛, 술의 효용성, 약의 효험 등을 표현하고 있다.

「온주법」의 구기주 담그는 법은 주재료 구기자 뿌리와 구기자 꽃, 구기자 열매에 청주와 일두주에 침출하는 방법으로 제조한다.

① 춘 정월 보름 전 초하룻날에 구기자 뿌리를 캐어서 잘게 잘라 한 되를 그늘에서 말린다.

② 2월 토끼날에 청주 1말에 담가 7일 만에 찌꺼기를 추려 버린다.

③ 4월에 잎을 따 잘게 잘라 그늘에서 말린다.

④ 5월 첫 말의 날에 청주 1말에 넣는다. 7일 만에 시작하여 먹기를 위의 방식으로 한다.

⑤ 7월 상신일에 꽃을 따서 1되를 그늘에서 말린다.

⑥ 8월 상유일에 일두주에 담가 둔다. 7일 안에 먹는다.

⑦ 10월 상돼지날에 열매를 따 1되를 그늘에서 말린다.

⑧ 11월 상자일에 일두주에 담근다. 7일 안에 먹는다.

원문의 번역된 내용은 다음과 같다.

춘 정월 보름 전 초하루날(상일)에 구기자 뿌리를 캐어서 잘게 잘라 1되를 그늘에서 말렸다가 2월 토끼날에 청주 1말에 담가 7일 만에 찌꺼기를 추려 버리고 새벽에 먹고 식전에는 반주로 하지 않는게 좋다. 하 4월에 잎을 따 잘게 잘라 그늘에서 말렸다가 5월 첫 말의 날에 청주 1말에 넣어 7일 만에 시작하여 먹기를 위의 방식으로 한다. 추 7월 상신일에 꽃을 따서 1되를 그늘에서 말려 8월 상유일에 일두주에 담가 7일 안에 먹는다. 동 10월 상돼지날에 열매를 따 1되를 그늘에서 말렸다가 11월 상자일에 일두주에 담갔다가 7일 안에 먹는다. 13일 동안 먹으면 몸이 가벼워지고 기운이 씩씩해지며, 100일을 먹으면 얼굴이 충만하여지고 백발이 다시 검어지고 얼굴이 좋아져서 건강이 최상이다. 이 방문이 지봉유설에 있으니 지봉은 이조관리 이수광이니 이조참판 민구의 부친이다. 한 선비가 길에서 보니 6~7세 먹은 어린아이가 80~90세 먹은 백발 늙은이를 때리거늘 선비가 물어 말하기를 "너는 일개 한 어린 여자애거늘 어찌 노인을 때리느냐" 하니 그 아이가 대답하기를 "이 아이는 나의 세 번째 아이인데 약을 먹을 줄 몰라 먼저 늙은지라 괴씸해 하고 있다" 사자가 말하기를 "그대 나이 몇 살인가" 대답해 말하기를 "395세입니다" 선비가 몹시 놀라서 장생불사하는 약을 물어보니 그 여자가 구기자법을 가르쳐주니 돌아가서 같이 하였다. 나이가 300세가 되어도 늙지 않는다.

「규합총서」는 빙허각 이씨가 필사본으로 엮은 가정살림의 책이다. 부인들이 익혀야 할 생활의 비법을 적은 책으로 우리 가정생활의 역사를 볼 수 있는 귀중한 책이다. 우리나라 최초의 가정백과사전으로 1939년 1월 31일, 동아일보를 통해 정식으로 세상에 알려졌다. 황해도 장연지방의 빙허각 이씨의 시댁인 서씨 후손의 집에서 발견하였는데 해방과 전쟁을 치르는 동안 출간을 준비하다가 유실되었다고 한다. 결국 3부 중에서 1부인 「규합총서」만이 현존한다.

「규합총서」의 책명은 남편이 지은 것으로 여겨지며, 내용 중에서 어려운 문장이나 번잡한 것을 빼고, 실생활에 긴요한 것만을 뽑거나, 몇 조항을 첨가하여 목판본으로 간행한 것이 「간본규합총서」(1915년)이다. 그리고 보다 더 많이 추려내고 조금 추가한 것이 「부인필지」(1915년)이다.

이와 같이 증보 또는 추려지면서 반가의 규방으로 전승된 것으로 여겨진다. 제1문 「(주식의酒食議)」는 중국 서적인 「본초강목」에서 22개를 인용, 내용의 반을 차지한다. 즉 집안 자체가 중국 서적을 쉽게 접할 수 있었으므로, 저서에 중국 서적을 인용했음을 알 수 있다.

이 책에 쓰여 있는 구기주의 주재료는 구기자뿌리(말린 것), 구기자 잎, 구기자 꽃, 구기자 열매, 청주를 사용한다. 「규합총서」에 구기주 담그는 법은 다음과 같이 기록되어 있다.

〈방법 1〉 구기자 뿌리로 담근 술

① 정월 첫 인일寅日에 구기자 뿌리를 캐어 그늘에 말린다.

② 말린 구기자 뿌리 1근을 이월 첫 묘일卯日에 청주 1말에 담가 둔다.

③ 7일째 되는 날 걸러서 찌꺼기 없이 맑은 술만 취한다. 구기자주는 식후에는 먹지 않는다.

〈방법 2〉 구기자 잎으로 담근 술

① 사월 첫 사일巳日에 구기자 잎을 따서 그늘에 말린다.

② 오월 첫 오일午日에 구기자 잎을 청주에 담가 둔다.

③ 7일째 되는 날 걸러서 찌꺼기 없이 맑은 술만 취한다.

〈방법 3〉 구기자 꽃으로 담근 술

① 칠월 첫 신일申日에 구기자 꽃을 따서 그늘에 말린다.

② 팔월 첫 유일酉日에 구기자 꽃을 청주에 담가 둔다.

③ 7일째 되는 날 걸러서 찌꺼기 없이 맑은 술만 취한다.

〈방법 4〉 구기자 열매로 담근 술

① 시월 첫 해일亥日에 구기자 열매를 따서 그늘에 말린다.

② 십일월 첫 자일子日에 구기자 열매를 청주에 담가 둔다.

③ 7일째 되는 날 걸러서 찌꺼기 없이 맑은 술만 취한다.

각각 시기별로 채취하여 청주에 담그어 7일째 되는 날 걸러서 맑은 술을 쓴다고 기록되어 있다. 내용에는 「지봉유설」의 늙지 않은 노인의 이야기를 다음과 같이 전하고 있다.

정월 첫 인일寅日에 뿌리를 캐어, 그늘에 말린다. 1근을 이월 첫 묘일卯日에 청주 1말에 담가 7일이 되면 찌꺼기 없이 하여 먹되, 식후에는 먹지 말라. 사월 첫 사일巳日에 잎을 따서 오월 첫 오일午日에 술에 담그기를 먼저 방법대로 하여 먹는다. 칠월 첫 신일申日에 꽃을 따서 팔월 첫 유일에 앞의 법과 같이 하여 먹는다. 시월 첫 해일亥日에 열매를 따 십일월 첫 자일子日에 방법대로 먹는다. 하서지방 여자는 산인 백산보의 생질이라, 이 방법을 얻어서 먹고 390세의 얼굴빛이 15~16세 소년 같았다. 한나라 때 사신이 만나 이 방법을 얻어 듣고, 그 방법대로 먹은 지 100일만에 흰 머리가 도로 검어지고, 빠진 이가 다시 나서 해가 가되 늙지 아니 하더란다.

「주찬」은 조주법造酒法, 침장방沈醬方, 침저방沈菹方, 전자방煎煮方으로 구성되어 있다. 조주법에 '구기주' 외 70가지 방문을 싣고 있다. 「주찬」에 기록되어 있는 구기주도 구기자를 청주에 담구었다가 걸러서 마시는 침출주이다. 「주찬」의 구기자의 주재료는 구기자, 좋은 술, 생지황 즙, 청주를 사용한다. 「주찬」에 구기주 담그는 법은 다음과 같이 기록되어 있다.

〈방법 1〉
① 생구기자 5되를 찧어서 명주자루에 담아 좋은 술 2말에 담궈 밀봉한다.
② 14일 후 쓴다.

〈방법 2〉

① 구기자 2되를 따서 질그릇 항아리에 좋은 술과 함께 21일 동안 담가둔다.

② 21일 후 생지황 즙 3되를 골고루 섞어 밀봉해 둔다. 입춘 30일 전에 병을 열어 매일 따뜻하
  게 데워서 빈속에 한 잔씩 마신다. 부추, 흰비름, 파, 마늘을 먹지 않는다.

〈방법 3〉

① 구기자 5되를 갈아 청주 2말에 담가 둔다.

② 7일 후에 내어서 찌꺼기를 버리고 마신다. 처음에는 3홉을 마시고, 다음에는 마음대로 마신다.

원문의 번역된 내용은 다음과 같다.

흰머리가 검어지고 잘 늙지 않으며 몸도 가벼워진다. 10월 임계일壬癸日이나 상해일上亥日
(첫 해일)에 동쪽에 있는 구기자 2되를 따서 질그릇 항아리에 좋은 술과 함께 21일 동안 담가
두었다가 생지황 즙 3되를 고르게 섞어 밀봉해 둔다. 입춘 30일 전에 병을 열어 매일 따뜻하
게 데워서 빈속에 한 잔씩 마시면, 입춘이 지나 수염과 머리가 검어진다. 부추, 흰비름, 파, 마
늘을 먹지 않는다. 구기자 5되를 청주 2말로 갈아 담가 두었다가 7일 후에 내어서 찌꺼기를
버리고 마신다. 처음에는 3홉을 마시고, 다음에는 마음대로 마신다. 보익하는 효력이 크다.

허를 보하고 노열을 없애며 살을 찌우는 데 도움이 된다. 또 얼굴빛을 좋게 하고 비건肥健
해지며, 간허肝虛, 충척沖戚, 하루下淚를 치료한다. 생구기자 5되를 찧어서 명주자루에 담아
좋은 술 2말에 담궈 밀봉하여 기가 새지 않도록 한다. 14일이면 쓴다. 제멋대로 마시되 취
하지는 말라.

「임원십육지」는 농림, 의학, 생활을 체계적으로 정리한 책으로 〈정조지〉편에는 식품의 종류, 저장, 가공방법이 기술되어 있다. 「임원십육지」에 기록된 구기주를 담그는 법은 「외대비요」, 「경험방」, 「성제총록」, 「증보산림경제」 총 4권의 책을 정리하여 기록하고 있다. 구기주를 담글 때 사용되는 주재료는 생 구기자, 좋은 술, 생지황 즙, 구기나무 뿌리, 생지황, 감국화, 찹쌀, 고운 누룩가루, 물로 몸을 건강하게 하고, 젊음을 유지할 수 있다는 효능도 다음과 같이 기록되어 있다. 「임원십육지」에 구기주 담그는 법은 다음과 같이 기록되어 있다.

〈방법 1〉

① 생 구기자 5되를 짓찧어 명주 주머니에 담는다.

② 좋은 술 2말 속에 주머니를 담그고 밀봉하여 기가 새지 않도록 하고 14일간 둔다.

〈방법 2〉

① 구기자 2되를 좋은 술 2되로 자기 병 속에 담가 21일 동안 둔다.

② 생지황 즙 3되를 첨가하여 고루 저어 밀봉한다. 입춘이 오기 30일 전에 병을 연다.

〈방법 3〉

① 구기나무 뿌리, 생지황, 감국화를 각각 1근을 짓찧는다.

② 물 1석으로 끓여 즙 5말을 취한다.

③ 찹쌀 5말로 밥을 짓는다.

④ 찹쌀밥에 고운 누룩가루와 즙을 고루 버무려 항아리에 넣는다.

⑤ 보통 방법으로 술을 빚어 밀봉한다.

⑥ 익으면 맑게 걸러낸다.

〈방법 4〉

① 구기자를 물 5되로 물엿처럼 달인다.

② 거칠게 빻은 누룩가루 1되와 찹쌀 5되를 깨끗이 일어 볕에 말려 밥을 짓는다. 봄, 여름에
   는 조금 차게 가을, 겨울에는 약간 따뜻하게 한다.

③ 구기자 물과 밥을 함께 고루 섞어 항아리에 넣는다. 여름에는 7일간 두는데 자주 살펴보
   면서 뜨겁지 않게 한다. 봄, 겨울에는 10일간 두는데 밀봉하여 닫아 둔다.

원문의 번역된 내용은 다음과 같다.

「외대비요」에 이르기를 생 구기자 5되를 짓찧어 명주 주머니에 담아 좋은 술 2말 속에 담그
고 밀봉하여 기가 새지 않도록 하고 14일간 둔다. 취하지 않을 정도로 임의대로 마신다. 허를
보하고 노열을 제거하며 근육을 자라게 하고 안색을 좋아지게 하고 사람을 살찌고 건강하게
한다. 간이 허약하여 감기로 눈물을 흘리는 것을 치료한다.

「경험방」에 이르기를 구기주는 머리를 검게 하고 노화를 막고 몸을 가볍게 한다고 했다.
구기자 2되(10월 임계일에 얼굴을 동쪽으로 향하고 채취한다)를 좋은 술 2되로 자기 병 속에
담가 21일 동안 둔다. 그리고 생지황 즙 3되를 첨가하여 고루 저어서 밀봉한다. 입춘이 오기
30일 전에 병을 연다. 매번 공복에 따뜻하게 데워 한 잔을 마신다. 입춘이 지나서는 콧수염과
턱수염이 검어진다. 느릅나무 열매, 파, 마늘을 먹어서는 안 된다.

「성제총록」에 이르기를 구기나무 뿌리, 생지황, 감국화를 각각 1근을 짓찧어 물 1석으로 끓여 즙 5말을 취한다. 찹쌀 5말로 밥을 지은 것에 고운 누룩가루와 즙을 고루 버무려 항아리에 넣고 보통 방법으로 술을 빚어 밀봉한다. 익으면 맑게 걸러내어 하루에 세 잔을 마신다. 근골을 튼튼하게 하고 정수를 보해주며 노화를 견뎌 장수하게 한다.

「증보산림경제」에 이르기를 구기자를 물 5되로 물엿처럼 달여 거칠게 빻은 누룩가루 1되와 찹쌀 5되를 깨끗이 일어 볕에 말려 밥을 지어 봄, 여름에는 조금 차게 가을, 겨울에는 약간 따뜻하게 해서 함께 고루 섞어 항아리에 넣는다. 여름에는 7일간 두는데 자주 살펴보면서 뜨겁지 않게 한다. 봄, 겨울에는 10일간 두는데 밀봉하여 닫아 둔다. 익으면 주자에 걸러 마신다. 보통 약재로 술을 빚는 것은 모두 이 방법을 쓴다.

「주식시의」는 은진 송씨 가문의 책으로 충청도 지역의 음식문화를 살펴볼 수 있는 귀중한 자료이다. 지돈녕부사 송영로의 부인인 연안 이씨(1804~1860)가 처음 기록하기 시작하여 여러 대에 걸쳐 기록된 것으로 알려져 있다. 책에 남겨진 필체로 보아 최소 세 사람 이상이 기록한 것으로 추정되며, 연안 이씨가 소대헌 종가에 시집와서 시가의 음식을 하나씩 익혀가며 이 책을 기록한 후, 그 뒤로 그녀의 대를 이은 여성들이 손끝으로 전수받은 음식 솜씨를 이 책에 하나둘 덧붙인 것으로 보인다. 또한 「주식시의」는 왕비를 배출한 사대부가와 궁중음식과의 교류를 살펴볼 수 있다는 점에서 주목을 받고 있다. 동춘당 송준길은 조선 후기의 왕비들이 대부분 그의 외손이라 할 정도로 왕실과 관련이 깊은데, 송준길 가와 조선 궁중은 지속적인 교류가 있었으며, 궁중음식 가운데 몇 가지가 종가 음식으로 계속 전수되고 있었다.

「주식시의」의 구기자주법의 주재료는 구기자 뿌리(또는 잎, 꽃, 열매), 술 1말을 사용한다.

① 구기자 뿌리를 가루 내어 집 그늘에 말린다. 2월 첫 묘일에는 구기자 뿌리, 5월 첫 오일에
　 는 구기자 잎, 7월 신일에는 구기자 꽃, 동짓달 첫 해일에는 구기자 열매를 쓴다.
② 구기자 말린 것을 맑은 술 1말에 담가 7일 후에 찌꺼기는 버린다.

원문의 번역된 내용은 다음과 같다.

　정월 첫 인일에 구기자 뿌리를 캐어서 가루를 내어 한데 집 그늘에 말려둔다. 2월 첫 묘일
에 맑은 술 1말 하려면 구기자 말린 것을 담가 7일 된 후에 먹되 먹을 때 찌꺼기는 다 버린
다. 새벽에 먹고 식후에는 먹지 않는다. 4월에는 구기자 잎을 따서 5월 첫 오일의 이전의 방
법대로 맑은 술을 담가 먹고, 7월 신일에 구기자 꽃을 따서 8월 첫 유일에 전과 같이 맑은 술
에 담가 먹는다. 동짓달 첫 해일에 구기자 열매를 따 섣달 첫 자일에 맑은 술에 담가 먹기를
이전의 법대로 하는데 이른바 '신선주'다.

「승부리안 주방문」은 19세기 초에 안동부에 소속된 향리가 필사한 한국 음식 조
리서이다. 「승부리안」의 이면지에 14개 항의 음식조리법이 실려 있다. 이면지에
기록된 음식조리법 내용에는 글 전체의 제목이 없다. 전체 14개 항목 중 별약과법
과 동화정과법을 제외하고 나머지 12개가 모두 술 만드는 방법에 대한 것이다. 이
점과 문서명을 고려하여 이 글의 제목을 「승부리안 주방문」이라 이름 붙였다. 문

헌의 지역적 배경이 안동이라는 점과 저술자의 사회적 지위가 중인층이라는 점에서 이 자료의 가치는 특별하다.

「승부리안 주방문」에는 구기주의 효능은 건강하고, 장수하는 비결이라고 기록되어 있다. 13일을 먹으면 몸이 가벼워지고 기운이 맑아지고 100일을 먹으면 얼굴이 고와지고 백발이 검어지고 늙어서 빠진 이가 다시 나고 신선이 되고, 이 법을 행하여 이대로 하여 먹었더니 과연 300년을 늙지 않는다고 전한다. 「승부리안 주방문」에 구기주 담그는 법은 다음과 같이 기록되어 있다.

〈방법 1〉

① 봄 정월의 보름 이전 첫 인일에 구기자 뿌리를 캐어 그늘에 말려 가늘게 썬다.

② 2월 첫 묘일에 가늘게 썬 구기자 뿌리 1되를 청주 1말에 담근다.

③ 7일 후 찌꺼기를 버린다. 새벽마다 먹고 식후에는 먹지 않는다.

〈방법 2〉

① 여름 사월 첫 사일에 구기자 잎 1되를 가늘게 썰어 그늘에 말려 둔다.

② 5월 첫 오일에 청주 1말에 말린 잎을 담근다.

③ 7일 후 찌꺼기를 버린다. 새벽마다 먹고 식후에는 먹지 않는다.

〈방법 3〉

① 가을 7월 첫 신일에 구기자 줄기를 캐서 그늘에 말린다.

② 8월 첫 유일에 청주 1말에 말린 줄기를 담근다.

③ 7일 후 찌꺼기를 버린다. 새벽마다 먹고 식후에는 먹지 않는다.

〈방법 4〉

① 겨울 10월 첫 해일에 구기자 열매 1되를 따서 그늘에 말린다.

② 11월 첫 자일에 청주 1말에 말린 열매를 담근다.

③ 7일 후 찌꺼기를 버린다. 새벽마다 먹고 식후에는 먹지 않는다.

원문의 번역된 내용은 다음과 같다.

봄 정월의 보름 이전 첫 인일에 구기자 뿌리를 캐어 그늘에 말려 두었다가 가늘게 썬다. 그 뿌리를 1되 되게 하여 2월 첫 묘일에 청주 1말에 담갔다가 7일이 되거든 찌꺼기를 버린다. 새벽마다 먹고 식후에는 먹지 말라. 여름 4월 첫 사일에 잎을 따서 1되를 가늘게 썰어 그늘에 말려 두었다가 5월 첫 오일에 청주 1말에 담가서 7일 만에 앞에서와 같이 먹는다. 그리고 가을 7월 첫 신일에 줄기를 캐서 그늘에 말렸다가 8월 첫 유일에 청주 1말에 담갔다가 앞에서와 같이 먹어라. 겨울 10월 첫 해일에 열매를 따서 1되를 그늘에 말렸다가 11월 첫 자일에 청주 1말에 담갔다가 7일 만에 앞의 법대로 먹어라. 13일을 먹으면 몸이 가벼워지고 기운이 맑아지며, 100일을 먹으면 얼굴이 고와지고 백발이 검어진다. 또한 늙어서 빠진 이가 다시 나고 신선이 된다. 이 법을 행하여 이대로 하여 먹었더니 과연 300년을 늙지 않았다.

담그는 시기를 각각 명시하고 있으며, 그 방법을 요약하면, 구기자 뿌리를 캐어 그늘에 말려 가늘게 말리고, 청주 1말에 담근다. 7일후에 찌꺼기를 버리는데, 새벽마다 마시되 식후에는 먹지 않는다고 기록되어 있다.

「부인필지」는 을묘년(1915)에 쓰여진 필사본으로 음식과 의복 등을 다루고 있으며, 생활에서 필히 알아두어야 할 것들을 순 한글로 기록한 책이다. 빙허각 이씨 원저의 「규합총서」가 「간본규합총서」 요약본으로 편찬되었고, 이것이 다시 「부인필지」로 필사된 것으로 전해진다. 1책 2권으로 상권, 하권으로 구성되어 있다. 상권에는 음식에 관한 내용이 수록되어 있고, 하권에는 의복, 방적, 잠상, 도침법, 세의법, 좀 못 먹게 하는 법, 수놓는 법, 사물, 물류상감 등 일상생활에 필요한 내용이 서술되어 있다. 「부인필지」의 상권에는 음식에 대한 내용이 12장으로 분류되어, 총 115종의 음식이 약주제품, 장초제품, 반죽제품, 다품, 침채제품, 어육품, 상극류, 채소류, 병과류 등의 만드는 법과 조리과정의 주의점 등이 기록되어 있다. 그 외에 과채수장법, 여러 가지 과일의 독, 여러 가지 기름수취법 등에 관한 내용도 수록되어 있다. 「부인필지」에 기록된 술은 순곡주 6종류, 약용곡주 1종류, 기향곡주 5종류, 혼성주가 1종류로 총 14종류가 소개 되고 있으며, 순곡증류주의 제조법인 소주 고는 법이 기록되어 있다.

「부인필지」에 구기주 담그는 법은 다음과 같이 기록되어 있다.

① 구기나무 뿌리를 음건한다
② 청주 한말에 담가 칠일 후 먹는다

원문의 번역된 내용은 다음과 같다.

정월 상인일에 구기나무뿌리를 캐서 음건하여 한 근을 상묘일에 청주 한말에 담가 칠 일

만에 먹되 식후에 먹지 말며 사월 상사일에 잎을 따서 오월 상오일에 술(술)에 담그고 칠월 상

신일에 꽃을 따서 팔월 상유일에 술(술)에 담그고 시월 상자일에 열매를 따서 십일월 상자일

에 담갔다가 봄에 하던 법과 같이 하여 먹으면 장생불로 하는 신선방이라 하나니라.

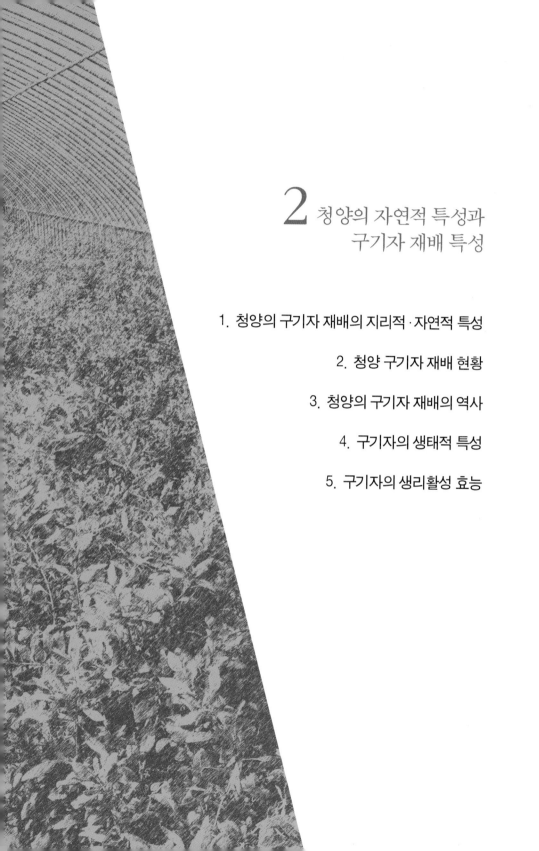

2 청양의 자연적 특성과 구기자 재배 특성

충남 청양은 우리나라의 구기자 명산지다. 구기자는 예부터 동서고금을 막론하고 신비의 약초로 알려져 왔다. 옛날 중국의 진시황이 찾았다는 동방의 불로초가 구기자였다고 하기도 한다. 한 때 미국의 헐리우드 스타들이 피부 미용을 위해서 구기자차를 장복한다고 하여 유행하기도 하였다. 실제로 미국식품과학박람회IFT에서는 2012년 Top 10 기능성 식품Functional Food Trends에 구기자goji berry를 아사이베리acai berry, 망고스틴mangosteen과 함께 슈퍼 과일로 선정하였다.

01   청양의 구기자 재배의 지리적·자연적 특성

구기자는 예로부터 한국, 일본, 중국 3개국에서 주로 생산되던 한약재다. 그 중 한국산이 가장 좋은 품질로 인정받아왔고, 때문에 국내 건강식품 시장이 규모가 커져 수출 물량이 부족해지기 전인 1992년까지만 해도 충남 청양에서 중국과 일본에 구기자를 매년 수출하였다. 이렇게 품질 좋은 한국 구기자는 주로 충남 청양 지역과 전남 진도지역에서 생산되고 있으며 아주 극미량이 경북 상주부근에서 재배되고 있다. 그러나 이들 중 최상품으로 취급되는 것은 단연 청양 구기자이다.

청양군의 지리적 현황을 살펴보면 도립공원인 칠갑산(560.6m)을 비롯하여 법산, 도봉산, 우산, 비봉산, 대덕산 등 구릉성 산지가 발달되어 있으며, 청양군의 평균고도는 150m로, 해발고도 200m이하가 77%를 점유하고 있어 평지는 상대적으로 협

소하다. 산간 분지의 지형적 특성과 일교차가 큰 기후 특성, 그리고 구기자 재배에 적합한 자갈이 많은 사력질 토양으로 인하여 약효가 많고 품질이 우수한 구기자를 생산할 수 있다. 구기자와 같은 생약초의 품질특성은 재배환경과 재배품종 및 재배기술의 세 가지 요인에 의하여 결정되는데, 지리적 특성이란 이 중에서 재배환경과 관련된 부분으로, 청양 지역의 지리적 특성과 청양 구기자의 품질특성과 매우 밀접한 관계가 있다

청양 지역은 내륙에 위치한 까닭에 기온의 교차가 심한 내륙성 기후가 나타나는데, 연평균기온 11.1℃, 1월 평균기온 −2.8℃, 8월 평균기온은 23.5℃이며 기온이 영하로 내려가는 달은 1월과 12월로 겨울철 혹한이 거의 없다. 청양군은 내륙에 위치한 까닭에 기온의 교차가 심한 내륙성 기후로 기온차가 커 구기자 생육에 유리한 조건을 가지고 있다. 청양은 구기자와 같은 가지과 과실형 작물이 자라기에 적합한 조건을 가지고 있는데, 특히 여름철인 7월~8월의 평균기온이 높고, 일교차가 크며, 일조량이 풍부해 고품질 구기자를 생산하는데 유리하다. 칠갑산은 산세가 순해 통풍이 원활하고 태양빛이 넘쳐난다. 그뿐 아니라 잔돌로 이뤄진 산은 배수 문제도 해결해준다. 이런 기후조건으로 구기자는 전국 생산량의 최대가 된다. 또한 구기자는 내한성이 극히 강하여 우리나라 전 지역에서 재배가 가능하나 낮과 밤의 기온교차가 큰 중산간지대가 구기자를 재배하기에 최적지로 알려져 있는데 청양군은 내륙에 위치한 까닭에 기온의 교차가 심한 내륙성 기후로 일교차가 커서 재배에 더욱 좋다.

청양 지역의 농경지 토양을 살펴보면, 비옥하고 배수가 잘 되는 식양토와 사양토가 전체 농경지의 88% 이상을 차지하고 있어 배수와 통기성이 좋다. 구기자 재

배지의 토양에 따른 수량성은 식양토, 사양토, 식토 순으로 청양 구기자 재배지는 토성이 대부분 식양토와 사양토에서 재배되어 구기자의 수량이 많으며, 배수가 잘 되어 역병에 더 강하게 할 수 있는 장점이 있어 양질의 구기자를 수확하고 있다.

일조시간의 장단은 농작물의 생육과 밀접한 관계가 있는데 청양군의 월평균 일조시간이 길어 일조량이 충분하다. 또한 구기자는 습기에 매우 약하기 때문에 수확기간 중에 비가 많이 오거나 습도가 높아지면 열매가 터지는데, 청양군의 강수량은 여름철에 집중되어 있으며 구기자 재배지는 고지대의 물빠짐이 좋은 토양으로 수해가 거의 없어 고품질의 구기자 생산에 유리한 조건을 갖추고 있다.

청양 지역의 지형·토성·기후 상의 특성에 의하여 청양 지역은 국내 구기자 재배의 최고 적지일 뿐만 아니라 국내 유일의 여름 구기자 생산 가능 지역으로서의 명성을 가지고 있다. 청양 구기자, 특히 여름 구기자의 특성은 청양 구기자의 품질 특성 부분에서 살펴본 바와 같이 성분과 색도에 의하여 구분된다. 특히 구기자의 약리적 지표성분인 베타인의 함량을 살펴보면, 여름 구기자가 동일지역의 가을 구기자에 비해 약 2.5배 이상을 함유하고 있으며, 청양산 가을 구기자 역시 국내 가을 구기자의 주산지인 진도지역에서 생산된 구기자 보다 베타인 함량이 높은 것으로 나타났다.

청양군은 대중 가요인 '칠갑산'이란 노래 덕분에 콩밭 매는 아낙네가 많을 것 같지만 사실은 구기자를 따는 아낙네가 더 많다. 청양군에서 예산군으로 가는 국도변에 있는 비닐하우스는 대부분 구기자를 재배하는 하우스라고 봐도 무방하다. 지리적 표시제로 '청양 구기자'가 등록된 것만 봐도 알 수 있다. 그런데 언제부터 청양군에서 구기자를 재배하게 되었을까? 즉 구기자의 시배지가 어디였을까 하는 의문이 든다.

02 청양 구기자 재배 현황

충청남도에서 거의 중앙부에 위치하고 있는 청양은 기후조건이 적절하고 토질이 좋아서 고추를 비롯하여 각종 농산물이 많이 생산되고 있다. 일교차가 큰 청양은 예로부터 특산물로 유명한 곳으로 다른 지역보다 다양한 구기자 품종이 있다. 청양의 구기자는 전국 생산량의 60% 이상을 차지한다.

특히 청양군에서는 구기자가 높은 생산량을 보여 특산물로써 전국적으로 크게 각광받고 있다. 기후와 토양이 구기자 재배에 가장 적합하여 청양에서 가장 고품질의 구기자를 생산하고 있으며 현재 청양 지역에서 재배되고 있는 구기자는 1,500여 호가 약 150ha에서 400여톤의 구기자를 생산하여 전국 제일의 구기자 명산지이다.

구기자는 농가의 고소득을 제공하는 작물이었다. 청양에서 구기자 농사를 짓는 자제들은 '부자집 아이'라는 별칭을 들을 정도였고, 주머니 속의 구기자 한줌은 두둑한 용돈이 부럽지 않을 정도였다고 한다.

이러한 이유들 때문에 농업기술원에서는 1990년대 초반 청양군 운곡면 후덕리에 농업기술원 산하 연구기관인 '청양 구기자시험장'을 설립하고 구기자 품종개발 및 육종, 이용 등에 관한 연구개발을 관의 주도로 시행하고 있다. 그리고 이러한 노력들 끝에 청양 구기자는 까다롭기로 소문난 세계농업품질기준인 GAP 기준에 의한 재배법으로 재배한 구기자로 농림부장관상을 수상하기도 했다.

03 청양의 구기자 재배의 역사

청양에서 구기자를 처음 재배한 것은 약 100여년 전부터로 추정된다. 청양군 운곡면에 가면 '구기설'이라는 작은 기념비가 있다. 그 내용을 보면 청양군에 구기자를 전파하여 농가소득에 큰 도움이 되었기에 마을 어르신들이 감사의 마음을 담아 박관용 할아버지의 공덕을 기리는 내용이 적혀있다. 구기자 유래비에 따르면 청양군이 구기자를 처음 재배한 시배지가 된다. 1908년에 청양에서 태어나신 박관용 할아버지가 15세 되던 해(1923년)에 구기자에 관심을 가지고 재배하기 시작하였으니 구기자 재배 역사는 약 100년이라고 할 수 있다. 지금도 전국적으로 가장 많은 구기자를 생산하고 있고, 다양한 구기자 가공제품을 가공하여 매출을 올리는 지역연고산업이 활성화 되어 있다. 따라서 전해지는 기록과 현재의 구기자 재배 현황 등을 볼 때, 전국적으로 가장 많은 구기자를 생산하고 있고, 지역연고산업이 활성화 되어 있는 충남 청양군이 구기자의 시배지라 하여도 무방할 것 같다.

구기자 재배와 관련하여 문헌과 기록이 여럿 있다. 이들의 내용을 보면 시배지로 보인다기보다는 구기자를 재배한 것이 아니라 집 주위에 자연적으로 자라난 것을 채취하고 이용한 것으로 보인다. 여러 지역에서 구기자를 먹었고, 구기주를 만들었다는 기록은 다음과 같다. 유중림의 「증보산림경제」와 박세당이 지은 「색경」에도 구기자의 번식과 재배법에 대하여 자세히 나와 있다. 또한 전국에서 구기자 재배가 두 번째로 많은 진도에 내려오는 전래 이야기에 의하면, 진도로 유배 온 사람들이 구기자술을 마시면서 억울함을 달랬다고 한다. 임진왜란 당시 이순신 장군이 병사들과 구기자술을 마셨고, 김훈의 장편소설 「칼의 노래」에도 이순신 장군이 부하들과 구기자술을 마셨다는 문장도 있다. 송준길(1606~1672)의 「동춘당 일기」를 보면 집 주위에 구기자 등 한약재를 대규모로 심어 한약재로 이용하거나 차로 마셨다는 기록도 있다. 관리들의 업무참고서로 편찬한 「고사십이집」을 보면 대구부, 선산부, 김해부의 특산물로 구기자가 나온다. 조선시대에 특산품으로 진상될 정도이면 구기자가 많이 생산되었다는 추론이 가능하다.

구기자는 특히 강정제와 간세포 생산촉진에 효과가 크다. 구기자나무 열매에 생산촉진에 필요한 베타인, 비타민, 아미노산 등의 성분이 다량 함유돼 있기 때문이다. 피로회복과 강장 효과뿐만 아니라 해열, 기침방지, 원기회복, 알코올 해독, 고혈압 예방 등의 효과도 있는 것으로 알려져 있다.

구기자는 수천 년 전부터 인류를 위한 최고의 약초로 사랑받아 왔다. 동양에서는 인삼, 하수오와 함께 3대 보약재로 구기자를 꼽았으며, 중국 천하를 통일한 진시황을 비롯하여 서태후 등도 구기자로 건강을 지켰다고 한다. 의서醫書에는 구기자에 대해 '몸을 가볍게 하고 노화를 견뎌 수명을 연장한다輕身延年耐老' 혹은 '구기자를 먹으면 어린이로 돌아간다枸杞還童'라고 표현하고 있다.

서양에도 마찬가지로 구기자의 효능이 잘 알려져 있다. 수년 전 가수 마돈나가 피부에 탄력을 주고 젊어 보이려고 구기자차를 장복長服한다고 영국의 BBC방송이 소개해 관심을 끌기도 했다.

04 구기자의 생태적 특성

구기자는 가지과에 속하며 주생산지는 충청남도 청양군과 전라남도 진도군이다. 구기자는 온대, 아열대 지역에 분포하고 있는 낙엽덩굴성 관목으로 우리나라와 중국 동북부, 대만, 일본 등지에서 재배 및 자생되고 있다. 구기자나무의 뿌리껍질은 지골피라 하고, 잎은 구기엽, 열매를 우리들이 알고 있는 구기자라고 한다.

구기엽은 봄이나 이른 여름에, 지골피는 가을과 겨울에 채취하며, 구기자는 여름부터 가을까지 성숙한 것을 채취하여 꼭지를 따내고 과피에 주름이 잡힐 때까지 음지에서 말리고 다시 외피가 단단해 지고 과육이 부드러워 질 때까지 건조하여 이용한다. 구기자나무는 열매인 구기자뿐만이 아니라 구기엽, 뿌리껍질인 지골피까지 모두 약효의 특성이 각각 인정되어 한방에서 상약재로 이용되고 있다.

05 구기자의 생리활성 효능

항산화 효과

구기자에는 활성산소를 억제하는 항산화 효과가 매우 높은 생리활성 물질이 있어 항산화제 역할을 한다. 항산화제는 활성산소와 활성손상으로부터 인체의 DNA

를 보호하여 DNA 손상에 의해 유발된 질병과 노화를 억제한다. 구기자에서 추출한 수용성 다당류는 단백질 복합체로 구기자의 주요 활성 성분중의 하나이다. 이는 인체의 면역기능을 조절하고 항산화 작용을 통하여 산화의 속도를 늦추어준다. 또한 구기자는 당근보다 더 많은 베타카로틴을 함유하여 베타카로틴의 풍부한 식품 공급원이다. 전통적으로 장수식품으로 전해 내려온 구기자의 항산화성에 대한 연구는 최근 들어 많이 이루어져 그 효과를 입증하고 있다.[1]

항암효과

구기자 추출물과 암세포 증식과의 연구에서 4종의 암세포주(간암, 자궁경부암, 유방암, 신경교종)에 가했을 때 암세포 증식 억제 효과가 나타났으며 구기자와 비타민 C의 혼합 처리 시 암세포 증식 억제 효과가 나타났다. 구기자의 메탄올 추출물을 인체 암세포 증식 억제 효과와 암예방의 효과를 연구한 결과를 보면 구기자는 높은 암세포증식억제 효과와 암예방 효과가 있는 것으로 추정되며, 비타민 C와 함께 첨가했을 때 낮은 농도의 첨가 시료에서도 높은 암세포 증식억제 상승효과가 나타났음을 알 수 있었다.[2]

항고혈압 효과

구기자는 혈관수축작용을 하는 효소를 억제하여 고혈압 예방효과가 있을 것으로 보고되고 있다. 실제로 구기자와 구기자 가공품의 추출물을 본태성 고혈압 쥐에게 3주 동안 투여한 결과 혈압저하효과가 나타났다. 이는 구기자 및 구기자를 이용한 가공품에 고혈압 발생을 유발하는 활성 저해효소가 많이 함유되어 있기 때문이다. 구기자에 다량 함유되어 있는 유효성분 중 베테인은 동맥경화와 고혈압을 예방하고 특히, 간 기능과 시력을 보호하는 기능성 성분으로 주목되고 있다. 또한 숙취해소에 탁월한 효능이 있으며, 혈관질환자의 혈중 단백질 대사과정에서 생성되는 동맥경화유발 독성 단백질인 호모시스테인의 해독작용을 가속화하고, 혈관 내 농도를 억제시켜준다.[3]

혈당강하효과

구기자 추출물은 탄수화물 소화 관련 효소의 저해효과와 혈액 내 포도당을 세포 내로 이동시키는 단백질 발현을 증가시켜 혈당강하 효과가 나타났다. 혈당강하 효과는 약용작물 중 구기자의 잎, 열매, 줄기 추출물이 높은 것으로 측정되었다. 또한 당뇨병 흰쥐모델에 구기자를 투여하여 당뇨병 표적실험 결과, 혈당의 변화와 혈청 내 포도당, 총콜레스테롤, 중성지방, HDL-콜레스테롤 등을 낮추는 경향을 나타내었으며, 당뇨병에 의하여 손상된 신장, 간, 폐 조직의 염증반응을 억제 할 수 있었다.[4]

피부미용 효과

피부색은 멜라닌이 주된 역할을 하고, 피부 탄력성은 엘라스틴이나 콜라겐 등이 형성하는 진피조직의 두께로 결정되며, 부족하면 피부 탄력성을 저하시켜 주름살의 원인이 된다. 따라서 엘라스틴을 분해하는 효소의 활성을 억제함으로써 주름 생성을 억제할 수 있다. 구기자는 피부 미백이나 피부 탄력유지에 효과가 있는 것으로 나타났다.[5] 한약재의 콜라겐 생합성 효과에 관한 연구에 의하면 구기자의 효과가 가장 우수하다고 보고하였고, 구기자 추출물이 피부과 색소 조절에 효과가 있으며, 콜라겐 합성 저하를 회복시킨다. 구기자 추출물은 멜라닌 색소의 생성과 세포 내에서 효소의 활성을 효과적으로 억제하여 피부 미백이나 피부 탄력유지에 효과가 있다.

간기능 효과

간 기능 보호에 관한 연구를 위하여 간독성을 유발한 쥐의 혈청 중 GOT, GPT 활성의 상승을 억제하여 간 보호 효과가 있는 것을 관찰할 수 있었으며, 구기자 추출물과 생과즙의 간독성 보호 효과가 있었다.

구기자는 이 외의 항균, 면역증진 등을 포함한 다양한 건강기능 효과를 가지며 구기자를 기능성 식품소재로 활용이 가능할 것으로 생각해 볼 수 있다.[6]

3 청양 구기자주의 재료

청양 구기자주의 양조에 사용하는 모든 재료는 이곳 청양 지역에서 생산되고 있는 우리 고유의 원료들만을 사용하여 금산에서만 맛볼 수 있는 양질의 술을 빚어낼 수 있다. 좋은 청양 구기자주를 만들기 위해서는 좋은 6가지 재료를 갖추어야 하는 것으로 알려져 있다. 좋은 물(용수)과 좋은 쌀, 좋은 누룩, 질 좋은 청양 구기자, 전통 재래 황국과 두충껍질이다. 그리고 무엇보다 중요한 것은 만드는 이의 정성이 될 것이다.

01 용수

주조용 용수의 수질은 술의 품질에 직접적인 영향을 주기 때문에 양조 용수의 선택은 매우 중요하다. 청양 구기자주는 하동 정씨 종가 뒷산의 상수원에서 내려오는 물을 사용한다.

02 누룩

누룩, 곡자는 술의 발효제로서 우리 전통주에서는 중요하게 사용되고 있다. 누룩에는 아밀라아제와 효모가 함유되어 아밀라제 작용으로 전분이 당이 되고 효모의 작용으로 알코올을 생성하게 된다. 누룩의 재료를 보면 주로 밀과 쌀이고, 녹두도 사용되고 보리를 사용하기도 한다. 밀은 잘게 빻은 알맹이로, 쌀은 곱게 빻은 가루로 사용하였으며 함께 쓰기도 하였다. 이러한 재료들은 거의 날 것으로 사용하였고 물로 반죽한 것을 헝겊이나 짚, 풀잎 등으로 싸고 발로 디뎌서 만드는 경우가 많고, 전이나 짚 등을 깐 누룩고리에 담아서 밟는 경우도 있다.

누룩을 만들 때에는 길일吉日을 받아서 하였고, 여름 삼복 중에 만들면 벌레가 생기지 않는다고도 하였다. 누룩은 반죽을 단단하게 하고 강하게 밟아야만 좋은 누룩이 되고 그것으로 빚어야 좋은 술이 된다고 한다. 누룩을 잘 디디는 비결은 되게 반죽하여 꼭꼭 밟는데 있다. 모양은 둥근 형을 많이 만들며 매달아 발효시키는데 대체로 10여 일에서 30일에 걸쳐 띄운다.

청양 구기자주의 누룩은 밀을 거칠게 빻아서 사용한다고 하였다. 최근에는 독특하게 쌀과 녹두를 섞어서 사용한 누룩을 사용하고 있었다. 우리 문헌 중에 녹두곡을 사용한 누룩은 「온주법」의 누룩이다. 「온주법」의 녹두곡은 다른 문헌의 기록과는 달리 비교적 상세한 방법과 요령들을 수록하고 있는데, 기록에 "초복 후, 중복 후, 말복 전에 디뎌서 닥나무잎으로 싸고 다시 잣나무잎으로 싸서 위의 방문대로 띄우면 좋다"라고 하였고, 요령으로 "말복에는 녹두를 거피하여 여뀌잎 2섬과 섞어 맷돌에 갈아 만든 즙에 밀기울을 넣고 반죽한다. 누룩은 닥잎으로 잘 싼 후 다시 잣잎으로 싸서 바람기 없는 음지에서 여러 날 띄운 후 햇볕이 잘 드는 곳에 둔다"라고 하였다. 또 "초복엔 녹두 1되, 중복엔 녹두 2되, 말복엔 녹두 3되를 적당량의 물과 함께 맷돌에 갈아서 만든다. 술 빚을 때에 5~6일간 법제하여 가루

쌀과 녹두로 만든 누룩

내어 쓴다" 라고 하여, 여러 가지 요령을 중복하여 설명하고 있다.

03 멥쌀

쌀은 곡물주의 전통을 가진 우리나라 민속주에서 가장 중요한 주재료이다. 쌀은 도정 과정을 거쳐 백미로 될수록 각 영양소의 함량이 감소된다. 쌀에는 단백질 함량이 6~8%로 다른 곡류에 비하여 낮은 편이고 전분이 많이 들어 있다. 백미로 도정된 경우 현미보다 더 쉽게 분해되는 특성을 가진다. 발효된 술을 증류할 때 알코올의 농도나 함량이 증가하는 것은 쌀의 특성에 따라 달라진다. 일본의 사케는 도정도를 높여 12분도 이상을 깎아 사용하는데 이로 알코올 농도도 올라가고 또한 깨끗한 맛을 갖게 된다. 우리나라 대부분의 전통 민속주는 주식인 쌀로 주로 빚어 왔고 이로부터 탁주, 청주, 또는 소주를 만들었다. 주재료로 사용하는 술의 품질과 도정도가 술의 품질에 큰 영향을 미친다.

04 구기자

구기자는 장수와 관련된 약재로 전해진다. 어떤 한 마을은 백세를 넘는 사람이 많은 장수마을로 소문의 원인을 찾았더니 그 마을의 한 가운데 약수터가 있고 그 약수터 근처에 커다란 구기자 나무가 있고 그 뿌리가 약수터로 드리워 있고, 마을 사람들은 구기자나무 뿌리가 드리워진 약수를 상용하여 그 마을이 장수마을이 되었다고 하기도 한다.

동네 입구에 세워진 오래된 나무(노거수)로 구기자나무가 있는 곳은 대개 장수마을로 불린다. 경주 교동의 최부자 집 앞과 경남 고성, 그리고 청양에도 100년 된 구기자나무가 있다. 이렇게 100년이 넘는 구기자나무가 있는 동네에는 대부분 구기정이라는 우물이 있고 그 우물가에는 구기자나무가 자라고 이 우물물을 마시고 무병장수하는 사람이 많아 장수마을로 이어진다는 것이다. 이러한 이야기를 종합해 볼 때 구기자는 장수와 관련이 있는 식물로 전해지고 있다.

중국의 의약서인 「신농본초경」에 수록된 365종의 약초 중 구기자Lycii fructus는 생명을 보존하고 다량을 장기간 복용해도 해가 없는 상약上藥으로 분류되어 있고, 오래 복용하면 근골을 강하게 하고 몸이 가벼워져 늙지 않고 더위와 추위를 타지 않는다고 기재되어 있다.[1] 또한 우리나라의 대표적 한의서인 허준의 「동의보감」에 '성질은 평범하고 맛이 달콤하며 무독하다. 몸이 허약하여 생긴 병을 다스리고 근육과 뼈를 강하게 하며 저기를 만든다. 얼굴색을 희게 하며 눈을 밝게 하고 장수한다.'라고 기록되어 있다. 「본초강목」에는 구기자는 독성이 없고 구기자 복용 시 근골이 단단해지고 더위와 추위를 타지 않으며 가슴의 염증과 갈증을 수반하는 당뇨병이나 신경이 마비되는 질병에 좋고 폐와 신장의 기능을 촉진시켜 시력이 좋아진다고 기록되어 있다.[2]

구기자는 주요 강장제로 쓰이며 중국에서는 2천년 전부터 각종 약방서에 그 효과가 비법으로 전해져 올 만큼 효능이 탁월하다. 중국 속담에 '집 떠나 천리千里 길에 구기자는 먹지 마라'는 말이 있는데, 이것은 구기자를 여행할 때 먹으면 정기가 넘쳐 혹시 실수할 수 있음을 경계한 것이다. 일본에서도 '독신자는 구기자를 먹지 마라'는 말이 회자되어 왔다.

이수광의 「지봉유설」에 다음과 같은 이야기가 있다. 호서지방을 여행하던 한 관리가 15~16세로 보이는 여자가 80~90세 되어 보이는 백발노인을 때리는 것으로 보고 그 이유를 묻자, 여자아이는 노인을 가리키며 '이 아이는 내 셋째 자식인데 약을 잘못 먹어 나보다 먼저 머리가 희어졌다'고 대답했다. 이에 깜짝 놀라 말에서

1_ 건 구기자   2_ 지골피
3_ 구기자 열매   4_ 구기순

1	2
3	4

내려 나이를 물으니 395세라 하였다. 그 비결을 물으니 구기자술에 있다며 만드는
법을 가르쳐 줬다. 그래서 그 관리도 집에 돌아가 구기자술을 담가 마시니 그 후로
300년을 더 살았다고 한다.

05 황국

　청양 구기자주에 사용되는 재래종의 말린 국화는 황국黃菊이라고도 하며 감국甘
菊이라고도 한다. 국화는 한국뿐만 아니라 타이완, 중국, 일본 등지에도 분포하고
약재과 식용으로 사용해 왔다. 황국은 10월에 꽃을 말려서 사용하게 된다. 이를 술
에 넣어 마시기도 하고 어린 잎은 나물로 쓴다. 또한 꽃에 진한 향기가 있어 관상
용으로도 가꾼다. 황국의 효능은 한방에서 열감기, 폐렴, 기관지염, 두통, 위염, 장
염, 종기 등의 치료에 이용하고 있으며 민간요법으로는 풀 전체를 짓찧어서 환부
에 붙이거나 생초를 달인 물로 환부를 씻어내기도 한다.

　특히 우리나라에서는 중양절에 마시는 국화주가 유명한데 10월에 국화를 따서
말려둔 감국(황국)을 넣어 빚어 담는 것이다. 청양 구기자주에는 집 근처의 황국을
따서 말려둔 것을 구기자주의 향을 내는 재료로 사용한다.

황국

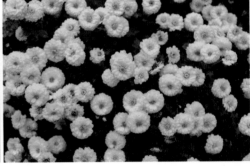
뒷마당에 핀 국화

06 두충

    두충은 두충나무의 껍질을 말린 약재를 말한다. 두충은 맛은 달고 매우며, 성질은 따뜻하다고 한다. 두충은 「신농본초경」에 수록된 약재로 사용된 역사가 가장 오래된 약초 중 하나이다. 「본초강목」에서는 두충이 신, 골 및 건을 강화한다고 기록되어 있으며, 현대의 밝혀진 약리작용으로는 혈압강하, 항노화, 콜레스테롤 강하, 항염, 진정, 진통, 면역 조절, 혈액응고, 자궁수축, 항알레르기, 항균작용 등이 있다고 보고되었다.

    한국 및 일본에서는 두충의 잎을 약용 및 음료로 사용하고 있다. 청양 구기자주는 이러한 두충을 약리작용을 염두에 두고 부재료로서 두충나무의 껍질을 벗겨서 말려두었다가 구기자주를 담을 때 함께 넣어 사용하고 있다.

두충

07 감초

　약방의 감초라는 말이 있듯이 한방 약재 중 가장 널리 쓰인다. 단맛이 나는 풀이
라는 이름에서 보이듯이 특이한 냄새가 나며 맛은 달다. 감초는 모든 약의 독성을
조화시켜서 약효가 잘 나타나게 하며 장부의 한열과 사기를 다스리고 모든 혈맥의
소통을 잘 시키며 근육과 뼈를 튼튼히 한다고 전해진다. 또한 밝혀진 약리작용은
해독작용, 간염, 두드러기, 피부염, 습진 등에 효과가 있다. 진해·거담, 근육이완,
이뇨작용, 항염작용이 있으며 소화성궤양을 억제한다.

　청양구기자주는 부재료로 감초를 사용하고 있는데 이 감초로 인해서 구기자주는 단
맛을 지니고 있으며 감초의 효능까지 기대할 수 있는 약용청주로도 작용한다고 보인다.

감초

구기주에 사용된 재료들

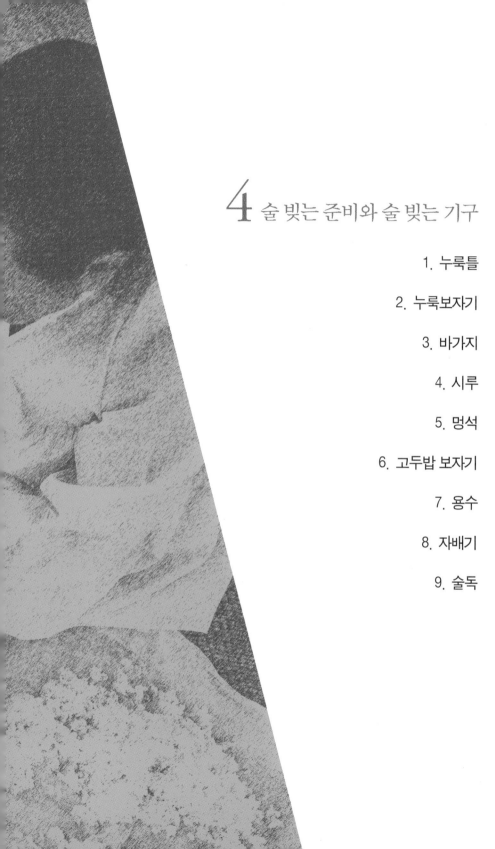

4 술 빚는 준비와 술 빚는 기구

01 누룩틀

누룩틀은 누룩고리라고도 하며 술의 주원료인 누룩을 성형할 때 사용한다. 술 담글 때 쓰는 발효제인 누룩을 일정한 크기로 만들어 내는 틀이다. 틀 위에 얇은 천을 놓고 반죽한 밀을 다져 넣은 후 꼭꼭 밟아 뽑아내면 원통형의 누룩이 된다. 틀은 통나무의 가운데를 움푹하게 파내어 만든 것이다. 「고려도경」에 처음 누룩에 관한 기록이 있지만, 「삼국사기」나 「삼국유사」와 같은 문헌에 술에 대한 기록이 있으므로, 삼국시대에도 누룩이 있었을 것으로 추정된다. 그러나 구체적인 누룩 제조법은 「사시찬요초」나 「규곤시의방」 등 조선시대의 기록에 나타나 있어 누룩틀은 조선시대에 들어와서 사용하였을 것으로 추정된다.

술을 만들 때는 어떤 누룩틀을 선택하는가가 매우 중요하다. 누룩의 질은 술의 맛과 직결되는데 틀에 넣고 밟는 정도에 따라 술맛이 달라지기도 한다.

누룩틀의 형태에 따라 누룩 띄우는 방법이 달라지고, 동시에 누룩의 품질이 달라져 술맛을 좌우하기 때문이다. 누룩틀의 크기, 즉 높이와 지름, 형태에 따라 누룩을 만드는 방법이 달라진다. 누룩틀은 크게 사각형과 원형, 누룩틀 높이가 5cm 이상일 경우, 8cm 이상으로 큰 것일 경우 등에 따라 먼저 다져 넣는 쪽과 손놀림의 빠르기, 발로 밟는 동작 등이 달라진다.

누룩틀의 재질은 나무와 짚을 이용하여 만든 것이 대부분인데, 대리석을 깎아 만든 석물과 쇠를 녹여 만든 주물형태가 있다. 청양 구기자주를 담그는 임영순 보유자가 사용하는 누룩틀은 유기로 만들어진 둥근 모양의 푼주를 누룩틀로 사용하

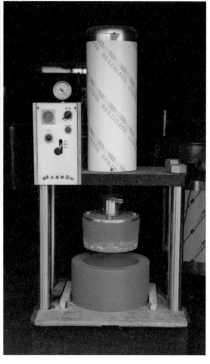

1	2

1_ 유기 누룩틀
2_ 현대식 누룩틀

고 있었다. 나무로 만들어진 누룩틀의 제작과정은 얇게 켠 송판을 원형으로 하여 고정시키고, 체를 만들 때와 같이 하여 칡덩굴이나 삼끈으로 묶는다. 다음으로 새 끼줄로 틀 안팎을 촘촘히 여러번 감으면 틀이 완성된다.

한편 틀에는 괴목 등의 통나무에 한 두개의 구멍을 낸 것도 있다. 일반 서민층은 짚과 나무로 만든 것을 주로 사용했고, 사찰이나 궁궐, 양반집은 고급나무 재질을 사용했다고 한다. 현대에 이르서는 대량생산과 모양의 균질화를 위한 전기를 이용한 누룩기계를 사용한다.

02 누룩보자기

    누룩을 제조할 때 누룩틀에 재료가 붙지 않게 하는 천이다. 얇고 질긴 천으로 누룩틀에 적당히 맞는 크기로 무명으로 된 소창이나 삼베가 많이 쓰인다.

누룩보자기

03 바가지

    술 빚는 재료나 제조된 술을 옮길 때 사용한다. 박을 둘로 쪼개어 만든 것과 나무를 파서 만든 것이 있는데 목바가지에는 손잡이가 달린 것도 있다. 「임원경제지」에도 박이 열리지 않은 해는 목바가지로 대용한다는 기록이 있다. 한국 가정의 필수용품으로서 용도에 따라서는 물바가지·쌀바가지·장바가지로 나누어진다. 봄에 박씨를 뿌렸다가 가을에 박을 따서 만드는데, 반으로 켜고 속을 파낸 다음, 삶아 다시 안팎을 깨끗이 긁어낸 후에 말려서 쓴다. 물바가지로는 바가지 중에서 가장 큰 것이 쓰이고, 5홉이나 1되 용량의 것은 쌀바가지로 쓰인다. 호리병모양으로 열리는 조롱박은 손잡이 부분이 있고 용량이 적어 장을 뜨는 장바가지로 쓰기에 알맞다. 또, 바가지는 국수를 뽑는 용구로도 쓰였다. 「규곤시의방」에도 구멍을 낸 바가지에 반죽을 담고 압착하여 구멍으로 국수를 뽑는 방법이 기록되어 있어 바가

조롱박 바가지

바가지

지의 용도가 다양하였음을 알 수 있다. 농가에서는 직접 박을 길러 만들었으며, 이렇게 만든 것을 도시에 사는 대소가나 자녀에게 선물하기도 하였고 장에 내다 팔기도 하였다.

　우리 민족이 바가지를 쓰기 시작한 것은 오랜 옛날부터이며, 신라의 시조 박혁거세의 탄생신화라든지, 「삼국유사」의 〈원효조〉에 바가지를 두드려 악기로 썼다는 기록으로도 알 수 있다. 조선시대 홍석모洪錫謨가 쓴 「동국세시기」의 〈상원조〉에도 남녀 유아들이 겨울부터 파랑·빨강·노랑으로 물들인 호리병박을 차고 다니다가 정월 대보름 전야에 남몰래 길가에 버리면 액을 물리칠 수 있다 하여 차고 다녔다는 기록이 있고, 「흥부 놀부전」에서도 바가지를 신비적 존재로 다루고 있다.

이 밖에 주술이나 금기의 대상이 되기도 하였는데, 혼인 때 신부의 가마가 신랑집 문 앞에 다다르면 박을 통째로 가져다 깨뜨렸고, 납채 때에는 바가지를 엎어놓고 발로 밟아 깨뜨려 소리를 냈다. 또 병액을 쫓는 굿이나 고사에도 이용되었으며, 가정에서는 바가지를 밥상 위에 올려놓지 못하게 하였고, 바가지 파편이 아궁이에 들어가면 불길하게 여기는 등, 박은 실용성의 한계를 지나 민속신앙으로까지 발전하였다.

04   시루

고두밥을 찔 때 사용하는 도구이다. 곡식을 가루로 내어 증기를 이용하여 쪄내는 시루는 질그릇으로 만들어진 것이 대부분이다. 이는 올라가는 습기를 시루 자체가 빨아들여 서서히 열과 함께 전달되기 때문에 떡을 골고루 찌는데 안성맞춤이다.

한국에서 시루를 쓰기 시작한 것은 청동기시대·초기 철기시대로 알려졌고, 오늘날도 쓰고 있는데, 구조나 모양이 별로 달라지지는 않았다. 다만 상고시대 시루의 바닥 구멍은 꽃잎 모양으로 뚫려 있고 쇠뿔 모양의 손잡이가 달려 있다. 질그릇은 고려에서 조선조로 이행되면서 생활이 다양해지고 풍요롭게 됨에 따라 특수한 용도에 쓰이는 특수용기로 발전하였다. 여러 옹기 중 시루는 한반도에서 농경생활이 시작되어 거기에 알맞은 식생활을 할 때부터 시작되었다는 설이 있다. 많은

시루

시루들이 옛 유물들과 함께 출토되기도 하는데 이것으로 미루어 보아 시루가 오래
된 조리 기구임을 알 수 있다.

시루는 바닥에 구멍이 여러 개 뚫려 있어 물솥에 올려놓고 불을 때면 뜨거운 수
증기가 구멍 속으로 들어가 시루 안의 것이 익는다. 시루 구멍은 항상 홀수로 내었
다. 또한 김이 잘 오르고 가루가 구멍으로 새어 나가지 않도록 칡덩굴 등을 요철(凹
凸) 모양으로 엮어서 만든 시루밑을 깐다. 시루를 이용하여 곡물이나 떡을 찔 때에
는 시루와 솥이 닿는 부분에는 시룻번을 붙여 김이 새어나가는 것을 막았는데 시
루 하단에 시룻번을 붙인 흔적이 남아있다.

05 멍석

 짚으로 새끼 날을 짜서 장방형으로 두껍게 결은 것으로 네 귀에 고리 모양의 손잡이를 달기도 한다. 무게는 12~15kg이고 크기는 일정하지 않으나 가로 350cm, 세로 210cm쯤 되어 보리 5~7말을 넣어 말릴 수 있다. 멍석을 짜는 데에는 잔손질이 많이 가서 한 닢을 장만하려면 능숙한 이라도 일주일쯤 걸린다. 모양은 대개 사각형으로 만들기도 하지만, 둥글게도 짠다. 둥근 멍석은 모양이 둥글다고 해서 '도래

둥근 멍석

방석'이라 하고, 지름이 1m에 지나지 않지만 큰 것은 3m가 넘기도 하며, 가늘게 꼰 새끼를 방사선 모양으로 펼치고 새기날을 짚으로 싸서 엮는다. 작은 것은 '맷방석'이라 하는데, '방석'이라 하는 것은 여름철에 마당에 깔고 사람이 앉는 경우가 많기 때문인 듯 하다. 그래서 멍석보다는 날이 가늘고 촘촘하기 때문에 두께가 얇고 가볍다.

지역에 따라서는 덕서기, 덕석, 턱성, 터서기라고 부른다. 주로 곡식을 넣어 말리는 데에 쓰나, 큰일이 있을 때 마당에 깔아 손님을 모시기도 하며, 가난한 집에서는 장판 대신 깔고 지낸다.

06   고두밥 보자기

술을 빚을 때 고두밥을 펼쳐서 차게 식힐 때 이용하는 천이다. 과거에는 멍석이나 돗자리 등을 이용하였는데, 최근에는 위생과 청결의 문제로 삼베, 모시, 호청과 같은 바람이 잘 통하는 자연소재의 천을 사용한다. 고두밥 보자기는 주로 삼베를 여러 장 붙여서 넓고 크게 보자기를 만들어 이용하였는데, 모시보다는 바람 구멍이 크고 값이 싸다는 이점이 있어 술독을 덮는 보자기와 짝을 이루어 사용한다.

고두밥 보자기

07   용수

다 익은 술독 안에 박아 넣어서 맑은 술을 얻는 데 사용하는 도구이다. 주로 가늘게 쪼갠 대나무나 싸리나무, 버드나무 가지나 칡덩굴의 속대, 짚 등으로 촘촘하게 엮어서 둥글고 깊은 원통형 바구니 모양으로 결어 만든다. 혹은 고급 전통주를 만들 때 완성된 용수 안에 창호지를 덧대어서 사용하면 훨씬 더 맑은 술을 얻을 수

용수

있다. 술이 다 익은 후 술을 뜨기 하루 이틀 전에 술 항아리 가운데에 용수를 박아

두면 용수 안에 맑은 술이 고이는데, 이 술이 바로 청주이다.

자배기

08   자배기

술 빚는 재료를 버무리는데 사용하는 그릇이다. 둥글넓적한 오지그릇이나 질그릇이다. 자배기는 흔히 보리를 대끼거나 채소를 씻고 절일 때, 또는 나물을 삶아

물에 불리거나 떡쌀을 담글 때 쓰였으며, 설거지통으로 쓰이기도 하였다. 자배기는 서민들의 부엌용구로 다양하게 쓰여왔다.

09 술독

술독은 술을 담아 놓는 항아리이다. 삼국시대부터 만든 옹기는 전 세계에서 한 민족만이 가지는 독특한 음식 저장 용기이다. 그 중 술독은 주류 발효도구나 음료수 저장 용구 등으로 사용하였다.

술독은 술의 재료, 즉 지에밥의 양에 따라 크고 작은 것을 결정하는데, 술독으로 사용하는 독은 높은 열에서 구워낸 것이라야 한다. 술독은 1,100~1,300℃의 높은 온도에서 장작불로 구운 용기로 발효용으로 선호된다. 독은 물로 잘 씻어 내고, 푸른 솔가지를 꺾어서 독 안에 넣은 다음, 솥에 거꾸로 엎어두고 쪄서 식힌 다음에 사용한다. 독은 한 말들이에서 한 섬들이까지 있다. 독 밑에 두꺼운 나무판을 깔고, 독 뚜껑도 널빤지로 덮는데 술을 빚어 넣은 뒤에는 이불 같은 것으로 말아서 싸 놓는다. 겨울에는 짚으로 독을 감싸고 엮어서 옷을 입힌다. 옛날에는 짚으로 만든 두트레 방석으로 뚜껑을 삼았다. 잡티가 떨어질 것을 염려하여 삼베로 덮기도 한다.

술독

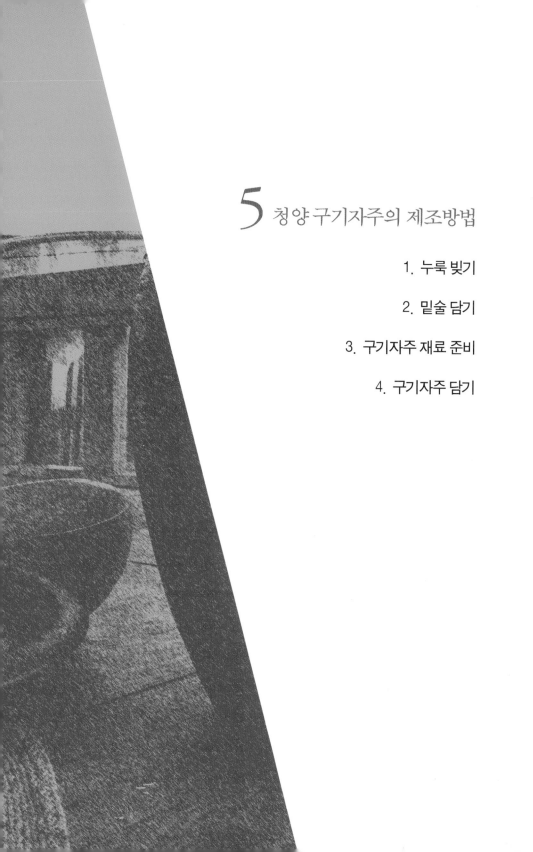

5 청양 구기자주의 제조방법

'구기자주'의 재료는 찹쌀과 멥쌀, 누룩이 기본 원료이다. 여기에 한약재인 구기자 열매, 잎, 뿌리(지골피)와 두충피, 감초, 들국화 등이 추가되는데 이런 다양한 부재료의 첨가로 인해서 향기로운 가향주의 특성과 각종 약재로 인한 약용약주의 특성을 지닌 구기자주가 만들어진다.

구기자주는 밑술과 덧술 과정을 거치는 이양주다. 밑술은 멥쌀과 누룩으로 빚는다. 누룩은 통밀을 깨끗이 씻어 빻아 만들고 45~50일 정도 띄운다. 독특하게 녹두와 쌀로 만든 누룩도 사용한다. 밑술을 4일 정도 발효시킨 뒤 찹쌀 고두밥과 누룩을 넣어 덧술을 담근다. 이때 구기자나무, 두충나무 껍질, 감초, 재래종 국화 등을 넣는다. 구기자나무는 열매와 잎, 뿌리(지골피)가 다 들어간다. 농사를 직접 지어 수확한 뒤 말려 두었다가 사용한다. 다른 재료도 모두 직접 재배해 사용한다. 구기자나무 열매는 옛날에는 삶아서 사용했으나 지금은 말린 것을 그냥 빻아 사용한다.

이렇게 완성된 구기자주의 알코올 함량은 16%이다. 구기자주는 구기자 특유의 독특한 향이 있는 데다 달착지근하며, 새콤하면서도 감칠맛 나는 것이 특징이다.

'구기자주'의 제조방법은 일반적으로 간략히 설명하면 다음 순서에 따른다.

① 쌀 3kg을 곱게 빻아 백설기를 만들고 누룩 1kg과 섞어서 4일간 발효시킨다.

② 쌀 4kg을 쪄서 누룩 1kg와 섞어 덧술을 만든다.

③ 구기자는 따로 달여서 구기자 뿌리, 잎, 두충피, 두충잎, 감초, 감국, 맥문동, 들국화 등과 섞은 뒤 밑술과 잘 섞어서 15일간 발효시킨다.

④ ①과 ③을 섞어서 10일간 숙성시킨다.

⑤ ④를 잘 걸러내면 맛있고 몸에 좋은 둔송 구기자주가 완성된다.

01 누룩 빚기

누룩을 만들기 위한 재료로는 통밀과 녹두를 잘 골라서 맷돌에 거칠게 갈아서 사용하였다. 예전에는 통보리쌀을 거칠게 갈아 사용하기도 하고, 주로 통밀을 거칠게 갈아서 사용하였으나 이후 밀에다 녹두를 넣어 사용하기도 하고 최근에는 쌀에다가 녹두가루를 첨가한 누룩을 만들어 사용하고 있다. 밀누룩보다는 쌀누룩이 맛이 깨끗하고 섬세하다고 하였다. 봄에 배꽃이 필 때 디디어야 누룩이 잘 핀다고 하였다. 쌀누룩은 쌀 9kg에 녹두 1.5kg을 섞어 만든다고 하였다

쌀과 녹두를 거칠게 분쇄하여 그대로 물을 넣어 되게 반죽하는데 이 때 물량은 20~25% 정도이다. 누룩은 사용한 곡물에 따라 밀누룩, 보리누룩으로 구분하며 분쇄한 곡물에 된 반죽을 하고 누룩고리(문화재는 특이하게 유기로 된 큰 대접)에 흰 광목천을 깔고 반죽한 누룩을 꼭꼭 눌러 담은 다음, 천을 모아 발로 디뎌서 단단하게 성형하여 만들었다. 누룩은 발로 밟는 정도에 따라 누룩이 띄워지는 정도가 달라서 품질 차이가 나며 술맛에도 영향을 주므로 잘 디뎌야한다고 하였다.

만든 누룩은 40~45일 정도 띄워서 사용한다. 빚은 누룩을 잘 발효시켜야한다고 하셨다. 누룩은 발효가 잘 되어야 필요한 미생물이 잘 자라고 만약 너무 오래되면 벌레가 생기기도 하니 조심해야 한다. 누룩이 적당히 띄워진 것은 곰팡이균이 충분히 번식된 상태로 속까지 하얗게 된 것이 좋다고 한다. 40~45일 정도 잘 띄워 발효된 누룩은 콩알크기 정도로 가루로 빻아 시원한 곳에서 잘 저장해 두어야 품질 변화 없이 사용할 수 있다.

누룩 빚기

1. 분쇄 : 쌀(9kg)과 녹두(1.5kg)를 거칠게 분쇄

2. 반죽 : 쌀, 녹두에 물을 20~25% 가하여 반죽

3. 누룩 성형 : 반죽한 누룩을 흰 광목천을 깔고 유기 누룩틀에서 꾹꾹 밟아 성형

4. 발효 : 잘 만들어진 누룩은 40~45일 정도 띄워서 사용

1
2

1_ 원형모양의 누룩
2_ 분쇄한 누룩

누룩디디기

02 밑술 담기

구기자주는 밑술과 덧술과정을 거치는 이양주이다. 구기자주는 가을에 담는 것이 가장 맛이 좋다고 한다. 찬 바람이 도는 음력으로는 9~10월경으로 보면 된다. 봄에 준비하여 빚어 놓은 누룩을 사용한다. 먼저, 밑술을 담가서 준비해 둔다. 이때 밑술은 멥쌀과 누룩으로 빚는데 쌀이 6kg 이라면 누룩은 2 kg으로 잡는다. 멥쌀을 곱게 빻아 백설기를 찌거나 고두밥을 지어 놓는다. 여기에 가루를 낸 누룩을 섞어서 밑술을 담는다. 쌀은 직접 농사짓는 쌀을 이용한다고 하였다. 이렇게 밑술을 담그면 가을에는 4일정도 발효시켜 사용한다. 여름에 구기자주를 빚은 경우에는 2일 정도 발효시키는 것이 좋다고 한다.

밑술 담기 공정

1. 증미 : 고두밥 짓기

2. 냉각 : 고두밥을 펼쳐서 식힘

3. 분쇄 : 봄에 빚어 놓은 누룩을 분쇄

4. 증미 : 고두밥 짓기

5. 혼합 : 쌀(6kg)에 누룩 (2kg), 물을 혼합

6. 교반 : 재료가 잘 섞이도록 혼합

7. 발효 및 숙성 : 2일(여름철) ~ 4일(가을철) 발효 숙성

1_ 고두밥 짓기
2_ 고두밥을 보자기에 펼쳐서 식힌다
3_ 식힌 고두밥에 누룩을 고루 섞는다

1	2
3	

03 구기자주 재료 준비

 구기자주의 주 재료는 구기자 열매이나 보유자가 담그는 구기자주의 경우는 여러가지 재료를 사용한다. 먼저 구기자나무의 잎과 열매, 뿌리(지골피)를 모두 사용한다. 이 재료는 미리 잘 따서 잘 말려 놓는다. 구기자순은 정성스런 마음으로 음력 3월에 잎을 채취해 말려두고 구기자 뿌리는 음력 정월에 캐서 말려 둔 것을 사용한다. 이외 들어가는 재료로는 집 근처에서 재배하는 황국이다. 황국은 가을에 꽃을 잘 따서 말려두었다가 사용하는데 구기자주의 향을 더해 주는 중요한 재료이다. 그리고 단맛을 주는 감초를 사용하고 두충껍질을 함께 사용하고 있다.

1	2
3	4

1_구기자　　2_지골피
3_황국　　4_맥문동

1_ 녹두	2_ 구기자 잎
3_ 감초	4_ 두충

1	2
3	4

현재 이러한 재료를 다 함께 사용하고 있으며 이들 재료들을 물에다 넣고 10시간 정도 삶아서 그 물이 충분히 우러나면 이를 사용한다. 구기자나무 열매는 옛날에는 삶아서 사용했으나 지금은 말린 것을 그냥 빻아 사용하기도 한다.

구기자, 구기자잎, 지골피, 황국, 맥문동, 감초, 두충, 황국 등 구기자주의 재료들을 끓이기

04 구기자주 담기

밑술을 담아두고 구기자주 재료가 준비되면 본격적으로 구기자주 담기에 들어간다. 먼저, 찹쌀로 고두밥을 만든다. 찹쌀을 잘 씻어 물에 담가 불리고 이것을 시루에 쪄서 고두밥을 짓는다. 고두밥은 넓게 펴서 식힌 다음 여기에 준비해둔 잘게 부순 누룩가루를 혼합한다. 그 다음 여기에 구기자나무, 두충나무 껍질, 감초, 재래종 국화 등을 10시간 정도 삶아 만든 용출액을 넣어 덧술을 담근다. 이를 찹쌀 고두밥과 누룩을 넣어 4일 정도 발효시킨 밑술에 넣는다. 이를 술독에 붓고 20일 정도 숙성시키면 알코올 함량 16%의 구기자주가 완성된다. 여기서 용수를 박아 떠내면 바로 구기자주가 완성된다.

이렇게 완성된 구기자주는 구기자 특유의 향이 있는 데다 달착지근하며, 새콤하면서도 감칠맛 나는 것이 특징이다. '한 고을의 정치는 술맛에서 알고, 한 집안의 일은 장맛에서 안다' 라는 말이 있다. 그만큼 술은 술 이상의 많은 것을 의미하고 있기도 하다. 청양 둔송 구기주가 그러하다. 둔송 구기주의 백미는 술 마신 다음날에 알 수 있다. 바로 숙취가 없다는 것 그것은 둔송 구기주를 빚는 정성어린 손길과 그들만의 제조 비법 때문이다.

구기자주 제조 공정

* 구기자주 용출액 제조

1. 건조 : 구기자, 지골피, 구기엽, 황국, 두충, 감초 등의 재료 건조

2. 가열 추출 : 구기자주에 들어갈 건조된 재료는 물에 넣어 10시간동안 가열

* 구기자주 제조

1. 증미 : 고두밥 짓기

2. 냉각 : 고두밥을 펼쳐서 식힌다

3. 혼합 : 고두밥, 누룩, 구기자 용출액 혼합

4. 교반 : 재료가 잘 섞이도록 혼합

5. 사입 : 혼합된 고두밥, 누룩, 구기자 용출액을 4일간 발효된 밑술과 혼합

6. 교반 : 재료가 잘 섞이도록 혼합

7. 발효 및 숙성 : 20일간 발효 (발효 후 알코올 함량 16%)

8. 여과 : 용수를 박아 여과

9. 병입 ; 여과된 청양 구기자주를 병에 담아 저온에서 저장

고두밥에 구기자 가루를 섞음

고두밥, 누룩,
구기자 용출액을 혼합

잘 섞은 재료를 술독에 담기

| 1 | 1_재료가 잘 섞이도록 혼합 |
| 2 | 2_덧술 완성 |

용수 박기

20일간 발효 후 용수를 박아 여과

여과된 청양 구기자주

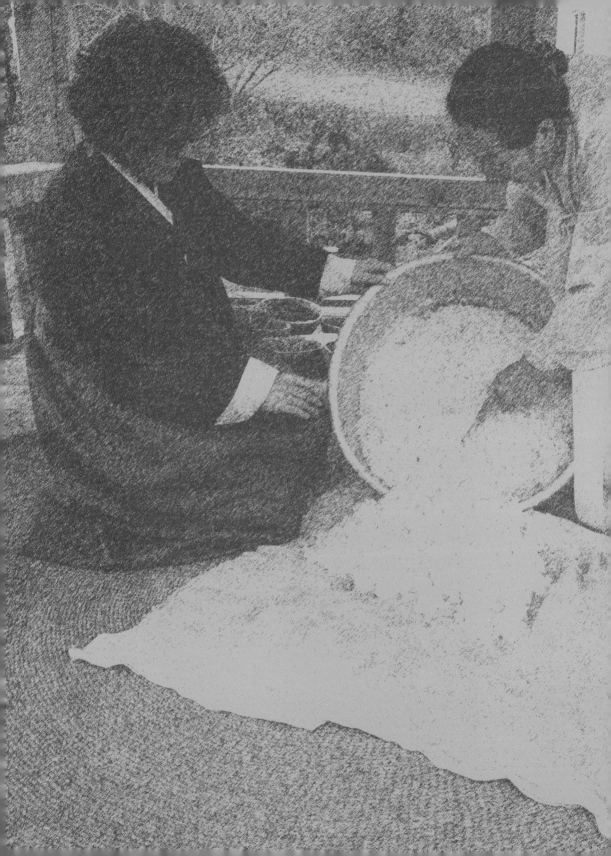

6 청양 구기자주의 전승 현황

충청남도 무형문화재 제30호 '청양 구기자주' 기능보유자인 임영순 씨는 1942년 4월 10일생이다. 어릴 때 친정집은 아버지(임상근)가 남의 집 품팔이를 할 정도로 너무나 가난하였으며 교육은 전혀 받지 못했고, 집안일을 거들고 동생들을 돌보다가 어떤 과정을 거쳐 혼담이 오고 갔는지는 잘 알지 못하는데 21세 되던 해에 12세 연상의 하동 정씨 종손 정찬홍에게 시집을 왔다. 시댁은 친정보다 살림살이는 나았으나, 시어머니에게 혹독한 시집살이를 살았다. 시어머니는 20대에 홀로 되어 아들(남편)에게 의지해 살아온 터라 며느리에 대한 시샘이 대단하였고 23세에 아들 정병구를 낳았다.

그의 시어머니로부터 정씨 가문에서 전통적으로 내려오는 구기주 제조기술을 전수받았다고 하는데 그 구체적인 내용은 다음과 같다. 임영순은 하동 정씨 종가의 11대 종부로 시어머니께는 미움을 샀으나, 1년에 두 차례 명절 때마다 다녀가시

명인의 시어머니

는 문중 어른들께는 귀여움을 받았다. 4대봉사와 명절차례까지 해서 1년에 13차례 제사를 모시고 있었고, 제주로는 구기자를 빻아 넣은 구기주에 사용하였다. 게다가 시어머니와 남편이 술을 좋아해서 1년 내내 구기주를 떨어뜨리지 않고 담가 먹었다. 시어머니로부터 구기주 만드는 법을 상세히 배우지는 못했지만, 어깨 너머로 배우고 익혔고 나중에는 본인만의 방법을 터득하게 되었다고 한다.

구기자주의 '민속주' 지정과 전승구조를

살펴보면 다음과 같다. 임영순 본인은 구기자주의 가치를 잘 몰랐지만, 운곡면에 시찰을 나온 군 단위 직원들이 구기자주를 맛본 후 그 가치를 알아보고 민속주 지정을 위해 노력해주었다. 구기자주라는 명칭은 특별한 의미가 있는 것이 아니고, 인근 양조장에서 구기자주를 생산해내고 있어서 그것과 차별성을 두기 위해 스님에게서 '둔송'이라는 이름을 받아 '청양 둔송 구기주'라고 상표 등록하였다.

구기자주의 주재료는 구기자 열매와 구기자 뿌리, 쌀, 누룩 등이고, 여기에 각종 약재가 들어간다. 밑술을 먼저 만들고 4일 후 다시 덧술을 만드는 2단 담금으로 술을 빚고 있고, 술의 알코올 함량은 16%에 맞추었다. 현재 며느리 최미옥이 구기자주의 전수자로 활동하고 있지만, 그 다음 세대는 "돈도 못 벌고 힘만 든다"며 아무도 관심을 갖지 않은 상태이다.

구기자주의 유래는 비교적 오래로 「산림경제」, 「증보산림경제」, 「온주법」, 「규합총서」, 「임원십육지」 등의 고식문헌에 기록되어 내려오는 우리 전통 민속주로 볼 수 있다. 그러나 이러한 문헌상의 구기자주가 청양 구기자주와의 직접적인 관계는 명확하지 않다. 다만 청양은 원래 구기자로 유명한 곳으로 이를 활용하여 술을 담그었을 가능성은 크다.

하동 정씨는 운곡 광암리에서 12대째 세거하고 있는데 청양에 정착한 분은 통정대부였던 정해령鄭海齡이며, 그 뒤 4대조인 정재화鄭在和(부인 경주 김씨)때부터 이 댁의 가양주로 전승되기 시작하였다. 현재는 그의 현손부가 되는 나주 임씨(임영순)가 그 맥을 잇고 있다. 2000년에 충청남도지사로부터 "청양 구기자주(충청남도 무형문화재 제 30호)기능보유자"로 인정받게 된 것이다. 임영순 보유자는 며느리에게 이 모든 기술을 전수했다. 가업을 이은 며느리 최미옥씨는 현재 청양 구기자주 이수

자로 활동하고 있다. 최미옥씨는 임영순 보유자의 구기자주의 철학과 정신을 받아, 정직과 청결, 신용으로 집안의 명주를 충남 무형문화재로 계승하고 있다.

이러한 고부의 노력을 높게 평가한 청양군농업기술센터는 유통 과정에서의 품질유지 방안과 새제품 개발을 위한 기술을 지원했다. 2008년 농림수산식품부 장관상과 세계농업기술상, 뒤이어 2010년에는 '대한민국 우리술 품평회'에서 우수상 수상의 영광을 가지게 되었다.

청양 구기자주는 하동 정씨 집안의 불로장생주로 집안의 명주로 내려온 것이다. 청양에서, 집에서 담근 술인 구기자주로 기능보유자에 선정된 임영순 명인은 국내 구기자 생산량의 절반 이상을 차지하는 칠갑산 자락 청양에서 해마다 손수 '청양 둔송 구기주'를 빚는다. 명인이 하동 정씨 10대 종손에게 시집와 처음 구기주를 배운 것이 1958년 3월, 스물한 살이었다. 보유자 임영순씨가 처음 시집왔을 때의 구기자에 대한 기억을 다음과 같이 전한다. "구기주를 처음 봤을 때 독특한 향기도 향기였지만, 붉은 빛이 참 예뻤어요. 옛날 구기자는 일부러 심었던 것이 아니라 담장 가에 자연스럽게 났던 것이었는데 과자가 있던 시절이었겠어요? 간식처럼 하나씩 또 먹으면 그게 그렇게 맛났죠."

종갓집이기에 1년 내내 끊이지 않고 제사가 있었고, 그 때마다 손님을 대접하기 위해 집에 술이 떨어지는 날이 없도록 보름에 한번 꼴로 부지런히 구기자주를 빚었다. 구기자주가 없다는 건 상상도 할 수 없는 일이다. 그 당시 주세법에 의한 단속을 피하여 구기자주를 빚는 어려움도 많았다.

구기자주를 담그는데도 재료부터 정성을 다하였다. 봄, 여름으로 구기자를 가꾸고 가을마다 한 밭 가득한 것을 일일이 손으로 수확해 손으로 닦고, 찹쌀과 두충도 농사를 지어 술을 낸다. 지금이야 새로운 구기자 품종이 개발되어 알이 굵어졌다지만, 예전 구기자는 정말 조그마해 따기도 어려운 작물이었다. 혹시라도 재료가 모자랄 때에는 믿을 수 있는 이웃에게서 재료를 구입하지만, 본인 손으로 나지 않은 재료는 영 탐탁지 않게 여길 정도로 좋은 재료를 써야 한다는 철학이 뚜렷하다.

구기자와 부가재료들의 원가가 상승되는 상황에서 여태까지 꾸준히 구매해 주시던 소비자들을 생각하여 가격을 올릴 수도 없는 상황이 되었고, 주변에서는 원가절감을 위해서라도 값비싼 구기자와 두충의 양을 절반으로 줄이라고 조언을 해도 보유자는 꿋꿋이 재료의 양을 줄이지 않고 원래의 양을 유지하고 있다.

오랜 시간 모든 일들이 눈 감고도 해낼 만큼 손에 익었지만 술을 빚을 때만큼은 늘 처음 시집와 처음 술 빚던 날 그때 그 마음가짐으로 꼼꼼하게 정성을 들이고, 우리의 전통적인 비법으로 술을 빚어왔다.

"재료가 듬뿍 들어가야 맛도 더 좋고 구기자주의 특징인 숙취 없고 개운한 맛이 유지가 됩니다. 독특한 향기와 감칠맛도요. 이걸 모르면 모를까, 알면서도 재료를 줄일 순 없지요. 저는 욕심 없습니다. 농사를 지어 밥 먹고 사는데 지장이 없습니다. 하지만 많은 사람들이 시대에 영합해 '우리 것'을 자주 바꾸어 가는 것이 너무 안타깝습니다. 많은 사람들이 오랜 세월을 지켜 온, 전통주도 사랑해 주었으면 좋겠습니다"라고 보유자는 말한다.

사실 임영순 보유자는 청양의 하동 정씨 종가에 시집오기 전에는 구기자를 본 적도 없었고, 구기자로 담근 술도 본 적이 없음은 물론이다. 그런 임씨는 21세 때 시집와서 20대에 혼자가 된 시어머니 경주 최씨로부터 구기자주 빚는 법을 배웠다. 최씨 또한 시어머니인 동래 정씨로부터 가양주인 구기자주 담그는 법을 물려받았다. 구기자주는 이렇게 최소한 150년 넘게 하동 정씨 종가 맏며느리에 의해 전해져 오고 있다.

청양에는 "구기자주를 지고는 못 다녀도 배에 넣고는 다녀야 한다"는 말이 전해지고 있다. 이 가문의 사람들이 맛도 좋고 건강에도 좋은 이 구기자주를 얼마나 즐겼는지를 말해주고 있다. 종갓집이기에 제사가 1년 내내 끊어지지 않는 데다 시어머니와 남편도 술을 좋아해 구기자주 담그는 일이 임씨에게는 가장 큰일이었다. 보름에 한 번꼴로 구기자주를 빚었다.

임씨는 구기자주가 건강에 특별히 좋은 술인 것 같다며 다음과 같이 말했다.

시어머니와 남편이 생전에 밤낮없이 구기주를 드셨어요. 그런데 보통 사람이 술을 마시면 숙취도 있고 해서 다음 날 아침에 해장국을 찾는데, 시어머니와 남편 모두 그런 적이 없었습니다. 술을 많이 드셨지만 술로 몸을 버리지도 않고 술병도 한 번 앓은 적이 없었는데, 술 담글 때 듬뿍 넣는 구기자 덕분이 아니었나 생각합니다.

어려운 살림에 밀린 농사가 많았지만 술 빚는 일을 그만 둘 수가 없었다. 감칠맛 도는 구기자주의 맛을 본 사람들의 권유도 끊이지 않았지만, 150년이라는 세월동안 이어오던 전통 술을 지금 힘들다는 이유로 그만 둘 수가 없었다.

그러나 무형문화재 보유자로 선정되고 전통식품명인으로도 인정되었지만, 청양 구기자주를 제조하여 판매하기 위해서는 그에 맞는 시설을 갖추는 것이 필요하다. 그러나 설비를 갖추기 위해서는 큰 자본이 많이 필

상품화된 청양 둔송 구기주

요하고, 빚도 지게 되었다고 한다. 하지만 안정적인 판매처를 확보하지 못한 탓에 기대만큼 수익이 나지 않고, 또 무형문화재 보유자 타이틀에 맞는 술맛을 유지하기 위해 최상의 원료를 유지해야 한다는 부담감도 존재한다. 그러나 최근에는 신세계 백화점에 명절용 고급 전통명주로 청양 구기자주를 납품하고 있다.

그동안 청양 구기자주 기능보유자로 인해서 많은 어려움을 겪기도 했지만, 구기자주가 아니었더라면 임영순은 '임영순'이라는 이름 석자 대신 일개 촌부로 살다 갔을 것이지만, 구기자주는 기능 보유자로서의 오늘날 자신의 이름을 "있게" 해준 고마운 존재라고 생각하고 있다고 하였다.

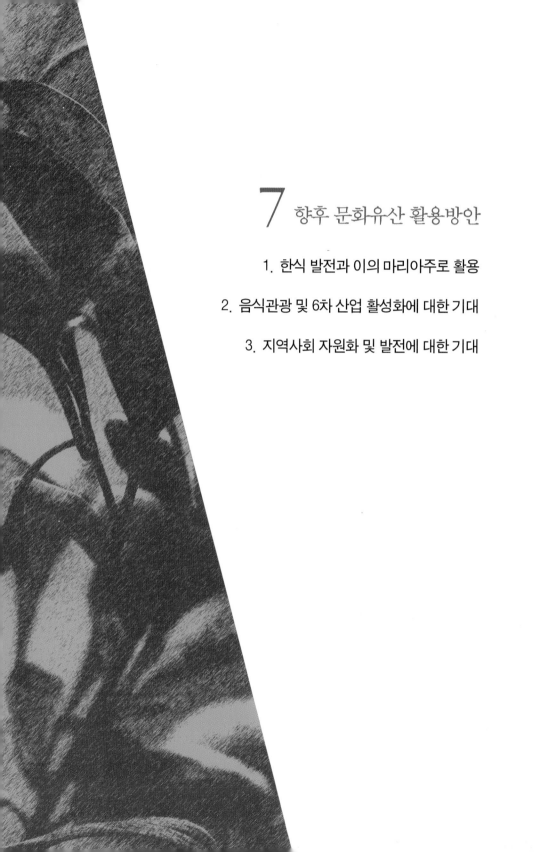

7 향후 문화유산 활용방안

1. 한식 발전과 이의 마리아주로 활용

2. 음식관광 및 6차 산업 활성화에 대한 기대

3. 지역사회 자원화 및 발전에 대한 기대

충청지방의 이름난 술이 바로 청양지방의 특산물인 청양 구기자로 담근 '구기자주'이다. 청양 운곡면 광암리 하동 정씨 종가에서는 이 구기자를 주재료로 이용한 '구기주'를 150여년 전부터 집안의 전통 가양주로 빚어오고 있다. 최고 품질을 자랑하는 청양 구기자는 인삼·하수오와 함께 3대 보약재로 꼽힌다. 구기주는 뿌리, 열매, 잎 모두 사용하고 있다. 그런데 '구기자주枸杞子酒'가 아니라 '구기자주枸杞酒'라 줄여 말하는 것은 보통 구기자나무 열매를 말하는 구기자만을 사용하는 것이 아니라, 열매는 물론 잎과 뿌리를 모두 활용하기 때문이다. 이외에도 건강에 좋은 두충나무껍질과 재래종 황국 그리고 감초 등을 사용하여 구기주를 빚고 있다.

청양 구기자주는 가양주의 비법을 전수한 술로서 시어머니나 남편이 밤낮 없이 마셔도 술병 한 번도 앓은 적이 없다고 한다. 애주가들은 옛날부터 구기주를 '불로장생주不老長生酒'라 불렀다. 특유의 향과 감칠맛, 그리고 뛰어난 강장효과 때문이다. 이러한 구기주의 특성을 잘 살려서 앞으로 충남의 음식관광과 산업 활성화에 기여하도록 해야 한다.

특히 최근 우리 술 열풍이 뜨겁다. 그동안 전통주를 외면하던 젊은 친구들이 SNS에서 우리 술 알리기 릴레이 방송을 하고 있고, 스스로 우리 술 제조법을 배워 술을 직접 담그고, 자가 막걸리 양조장과 주점도 계속 생겨나고 있다. 이런 분위기는 몇 년 전 불었던 막걸리 열풍이 금세 가라앉아 버린 것과는 본질적으로 다르다. 과거 막걸리 열풍이 관 주도로 외국인들이 좋아하는 술이란 개념에서 시작되었다면 지금은 진심으로 우리 술의 미래를 걱정하고 사랑하는 젊은 친구들이 중심에 있기 때문이다.

그러나 지금 우리나라의 경제수준이 올라가면서 오히려 전통주는 외국 술에게 점령당한 실정이다. 현재 위스키와 와인, 사케 등 외국 술 소비량이 부끄럽게도 세계 최고다. 최근 외국인들은 우리 한식에 대해 관심을 보이고 열광한다. K-pop 에 이은 K-food의 열풍이고 한식에 대한 관심은 당연히 우리 술인 전통주에 대한 관심으로 이어지고 있다. 그러나 우리는 우리 술 문화에 대해서도 너무 모르고 있다.

구기자주는 우리 전통주의 특징인 가향주와 약용약주로서의 특징을 함께 가지고 있는 술이다. 주재료인 구기자 이외에도 전통 국화를 넣어 향이 아름다운 특징을 가진 가향주이면서 구기자의 약리작용을 가진 술이다. 구기자는 이미 서양에서도 약효를 인정받은 식물이다. 구기자를 장복하는 헐리우드 스타도 많고, 동양의 신비한 약재로 인정받고 있다.

따라서 이러한 특징을 살린 충남 청양 구기자주는 한식 세계화와 더불어 우리 술로서 그 위상을 되찾아야 한다. 구기자의 건강성을 잘 알고 있는 외국인들에게 구기주는 가장 매력적인 술이 될 수 있기 때문이다. 즉, 청양의 특산품 구기자는 현재 많이 알려져 있지만 부가가치가 높은 구기자 가공품은 많지 않다. 따라서 구기자주는 가장 부가가치가 높은 가공품으로 인식되고 개발되어야 한다.

앞으로 구기자주를 좀 더 알리고 새로운 명주로 개발하는 것이 필요하며 외식상품화 및 현대화에 기여해야 한다.

01   한식 발전과 이의 마리아주로 활용

우리 고유의 한식은 영양학적으로 세계 어느 음식과 견주어도 손색이 없는 건강식이다. 게다가 문화적으로도 매우 품격이 높은 음식이다. 이렇게 중요한 문화자원 중의 하나는 한식과 매칭될 수 있는 전통주이다. 그런데 우리 한식에 매칭될 수 있는 전통주의 개발이나 보급은 부족해 보인다. 따라서 청양 구기자주는 한식의 중요한 마리아주로서 개발할 필요가 있다. 구기자주의 보유자는 또한 하동 정씨 종가의 며느리라는 점도 매우 중요하다. 따라서 청양의 종가음식과 종가 대표 술로서 청양주를 개발하는 것이 좋겠다. 또한 이 청양 지역을 한식문화 체험지역으로 선정하고 이의 중요한 기반을 가지는 청양 구기자주를 대표 상품으로 하여 이 지역을 미식관광 명소로 개발한다면 국내외적으로 이를 체험하기 위한 많은 관광객들을 불러 모을 수 있으리라고 생각된다. 이를 위해서 구기자와 이에 알맞은 안주를 개발하여 전시를 하는 것도 바람직하다. 과거부터 구기자를 소재로 빚어 온 충남의 대표 명주인 구기자주는 앞으로 충남지역의 전통 있는 술로 자리매김하는 데 귀중한 문화유산이 될 것으로 생각한다.

02 음식관광 및 6차 산업 활성화에 대한 기대

현 정부는 농업분야 성장발전계획의 일환으로 '농식품의 6차 산업화'를 제시하였다. 이는 농업의 생산과 연계하여 유통·가공·외식·관광 등 2·3차 산업을 활성화하여 농촌지역의 신성장동력과 일자리를 창출하고, 6차 산업화 촉진을 위한 규제완화로 가공·향토 산업을 육성하고 마을공동체를 중심으로 관광·체험 등 3차 산업화하여 농촌관광과 체험 활성화를 꾀하자는 것이다.

농업 농촌의 가치 극대화를 위해 농식품 산업의 고도화와 6차 산업의 필요성이 대두되고 있는 가운데 지역의 문화적 정체성을 대표한 종가음식자원 6차산업화 촉진 및 확산이 필요하다. 특히 3차 산업인 외식서비스와 관광산업과의 융합을 통해 새로운 부가가치를 창출하는 데에도 청양 종가의 전통주는 중요한 역할을 할 수 있다. 특히 종가음식 자원과 스토리텔링 소재 발굴복원 사업을 위해서도 매우 필요하다.

해외의 대표적인 음식관광 사례로는 이탈리아, 스페인, 태국, 미국 등 많은 미식 국가에서 찾아 볼 수 있다. 이들은 음식관광을 지역경제 활성화 및 자국 문화를 알리는 수단으로 활용하고 있으며 일반관광에 비해 감성적으로 접근함으로서 오래 기억에 남는 체험 관광 상품으로 발전할 수 있다. 예를 들어 이탈리아의 슬로푸드 축제가 열리는 브라 지역은 이 기간이 되면 전 세계의 관광객들이 몰려드는데 청양도 그렇게 만들어보자는 것이다.

03 지역사회 자원화 및 발전에 대한 기대

청양 구기자주는 종가의 가양주라고 할 수 있다. 이는 과거 충남 지역에서 생산된 농산물을 식재료로 하여 전통문화 및 조리방법에 근거하고 있다. 이는 지역 내에서 생산되어 어디에서, 누가, 어떻게 생산한 것인지 알 수 있기를 원하는 안전한 먹을거리란 점에서 건강과 안전을 염려하는 현대인들의 기본욕구를 충족시키기에 충분하다. 그뿐 아니라 일정한 공간적 범위내의 지역농업과 밀접한 연계를 맺고 있다는 점과 지역문화와 결합된 관광 상품으로써 종가 전통주의 의미와 발전가능성이 크다. 따라서 농가소득 증대와 지역경제 활성화 수단이 될 수 있다는데 주목받고 있다.

: 미주

2장 청양의 자연적 특성과 구기자 재배 특성

1) Kim HK·Na GM·Ye SH·Han HS, *Extraction Characteristics and Antioxidative Activity of Lycium chinense Extracts*, Korean J. Food, 2004.

2) Park YJ·Kim MH·Bea SJ, Enhancement of anticarcinogenic effect by combiation of Lycii fructus with Vimtamin C. J. Korean Soc, Food Sci, Nutr, 31, 2002, pp.143~148.

3) Barak AJ·Beckenhauer HC·Badkhah S·Tuma DJ, The effect of betaine in reversing alcoholic steatosis, Alcohol Clin Exp Res, 21, 1997, pp.1100~1102.

4) Lee SY·An JH·Cho HY, Isolation and Characterization of MMP-1 Inhibitor Peptide from Crataegus pinnatifida Bunge in Fibroblast Cell Line HS68 Cells, J. Korean Soc, Agric. Chem. Biotechnol, 46(1), 2003, pp.60~65.

5) Choi JH·Choi JH·Park SY·Kim JH·Jeong MY, Effects of Lycii Fructus Extracts(LFE) on skin whitening and elasticity using melanoma cells, The Journal of Korean Medical Ophthalmology & Otolaryngology & Dermatology, 27(1), 2014, pp.58~67.

6) Kang KI·Jung JY·Ko KH·Lee CH, Hepatoprotective Effects of Lycium chinense Mill Fruit Extracts and Fresh Fruit Juice, Korean J. Food Sci, Technol, 38(1), 2006, pp.99~103.

3장 구기자주의 재료

1) Park, JS·Park JD·Lee BC·Choi KJ, Effects of extracts from various parts of Lycium Chinenese Mill, on the proliferation of mouse spleen cells, Korean Journal of Medicinal Crop Science, 8(4), 2000, pp.291~296.

2) Lee SJ, *A botanical list*, Kyomunsa, 1987, pp.1206~1210.

⠿ 참고문헌

김광언, 『한국의 농기구』, 문화재관리국, 1969.

고려대학교민족문화연구소, 『한국민속대관』 2, 고려대학교출판부, 1980.

빙허각 이씨, 이효지 역, 『부인필지』, 교문사, 2010.

서유구, 조신호·정낙원 역, 『임원십육지』, 교문사, 2007.

안완식, 『우리가 지켜야 할 우리종자』, 사계절, 2002.

유중림, 민족문화추진회 역, 『산림경제』, 솔, 1997.

윤숙경, 『수운잡방 주찬』, 신광출판사, 1998.

이수광, 남만성 역, 『지봉유설』 1, 2, 올재클래식스, 2016.

정양완, 『규합총서』, 보진재, 2008.

정혜경·김미혜, 『한국인에게 막걸리는 무엇인가』, 교문사, 2012.